AF452700

LA TRADITION ROMAINE

SUR

LA SUCCESSION

DES

FORMES DU TESTAMENT

DEVANT L'HISTOIRE COMPARATIVE

PAR

Edouard LAMBERT

PROFESSEUR D'HISTOIRE DU DROIT
CHARGÉ DE L'ENSEIGNEMENT DU DROIT CIVIL
COMPARÉ A L'UNIVERSITÉ DE LYON

PARIS

V. GIARD & E. BRIÈRE

LIBRAIRES-ÉDITEURS

16, RUE SOUFFLOT, 16

1901

LA TRADITION ROMAINE

SUR

LA SUCCESSION

DES

FORMES DU TESTAMENT

DEVANT L'HISTOIRE COMPARATIVE

PAR

Edouard LAMBERT

PROFESSEUR D'HISTOIRE DU DROIT
CHARGÉ DE L'ENSEIGNEMENT DU DROIT CIVIL
COMPARÉ A L'UNIVERSITÉ DE LYON

PARIS

V. GIARD & E. BRIÈRE

LIBRAIRES-ÉDITEURS
16, RUE SOUFFLOT, 16

—

1901

LA TRADITION ROMAINE

SUR LA

SUCCESSION DES FORMES DU TESTAMENT

DEVANT L'HISTOIRE COMPARATIVE (¹)

Les écrivains de la fin de la république, du principat et de l'empire nous présentent le testament comme un des produits les plus anciens de la civilisation romaine. D'après eux, cette institution aurait trouvé consécration dès le milieu du v° siècle avant notre ère, dans la législation décemvirale. La loi des XII tables aurait contenu une disposition dont le texte ne nous est rapporté par les auteurs latins qu'avec de nombreuses variantes, — j'accepte provisoirement la version la plus répandue : *uti legassit super pecunia tutelave suæ rei, ita jus esto* (2), — qui aurait assuré au chef de famille une liberté de tester aussi illimitée que celle dont jouit à l'heure présente le testateur anglais. Les affirmations des classiques présentent sur ce point, je dois le reconnaître, une réelle concordance. Mais sont-elles vraisemblables ?

(1) Cette brochure est extraite, avec quelques remaniements et quelques additions, d'un ouvrage actuellement en cours d'impression, et qui paraîtra d'ici quelques mois : *Etudes de droit commun législatif ou de droit civil comparé*. Première série : *Le régime successoral*, tome I. Introduction : *La fonction du droit civil comparé*, p. 411 et s. (Giard et Brière).

(2) Règle V, 3, dans les reconstitutions modernes des XII tables. Pour l'indication des variantes et l'énumération des auteurs latins qui citent cette disposition : GIRARD, *Textes* (2), p. 13 ; — *Manuel* (2), p. 782.

Mon attention a été attirée sur l'étrangeté de cette partie
de la tradition romaine par un court passage du beau livre
où M. Ettore Pais, entrant plus avant dans la voie frayée
par son maître Mommsen et jadis par Niebuhr, a soumis à
une nouvelle et pénétrante critique toute la portion de
l'historiographie romaine qui concerne les temps antérieurs
à la fin des guerres Puniques (1). Les recherches si intéressantes, malgré leur caractère trop souvent conjectural,
auxquelles il s'est livré en vue de reconstituer les méthodes
d'élaboration, les procédés de fabrication et de falsification
de ce qu'il appelle l'*histoire quasi-canonique* de Rome,
l'ont amené à confronter deux des chapitres de cette *histoire
sacrée* qui offrent le plus d'intérêt pour le juriste : le récit
de la rédaction des XII tables par les décemvirs au milieu
du v° siècle avant J.-C. et le récit de la divulgation des formules de *legis actiones* par le scribe d'Appius Claudius,
Gn. Flavius, à la fin du iv° siècle. M. Pais a cru trouver là
un exemple de la double tendance qu'il relève dans la tradition romaine : tendance, d'une part, à anticiper les événements, à les attribuer à un passé beaucoup plus reculé que
celui auquel ils appartiennent en réalité, tendance, d'autre
part, à accueillir simultanément les diverses versions légendaires d'un même fait historique en les traitant comme
les relations de phénomènes distincts, s'échelonnant dans le
temps. Le savant professeur de l'université de Naples dénonce le défaut d'historicité des deux récits en question.
Nous sommes, s'il faut l'en croire, en présence de deux légendes qui se sont développées autour d'un même noyau
de faits authentiques. Seul, leur décor pittoresque et poé-
tique varie ; c'est le même phénomène social et politique
qui s'y déroule : à savoir une réaction contre le monopole
pontifical de la science juridique, un mouvement de sécula-
risation de la jurisprudence, un passage de la phase d'éso-
térisme à la phase de vulgarisation du droit. M. Pais essaye

(1) *Storia d'Italia dai tempi più antichi alla fine delle guerre puniche*,
2° partie. *Storia di Roma*, Turin, t. I, 1, 1898, I, 2, 1899.

de démontrer que l'unique événement qui a formé le canevas commun des deux légendes, n'est certainement pas antérieur à la date assignée par les annalistes à la divulgation des formules de *legis actiones*, par conséquent à la fin du ive siècle avant J.-C. ; qu'il est même un peu plus récent et ne remonte pas au delà du début du iiie siècle. La prétendue loi des XII tables ne serait, en réalité, comme la plupart des codes religieux de l'antiquité, qu'un recueil de jurisprudence sacerdotale, condensant tout le travail juridique du ive siècle, dont la connaissance ne se serait propagée pendant longtemps que par la seule tradition orale, ce qui expliquerait les additions et les retouches qu'il parait avoir subi, la modernité relative de la langue, les contradictions qu'on relève entre les classiques romains en ce qui concerne la détermination de son contenu, ou la fixation de la teneur de chacune de ses dispositions (1). A l'appui de cette thèse que je ne puis m'attarder ici à analyser et à discuter, l'auteur a rassemblé un faisceau compact de raisonnements dont quelques-uns sont peut-être assez fragiles, mais dont beaucoup sont de nature à provoquer la réflexion. Il se fonde principalement sur des considérations tirées des méthodes de formation de l'historiographie, de l'examen de ses redites et de ses doubles emplois. Mais il invoque aussi accessoirement quelques arguments d'ordre juridique.

Le principal, parmi ces derniers, est tiré précisément de la règle *uti legassit*. L'existence d'un concept aussi savant que celui de l'acte à cause de mort dans la société romaine du ve siècle serait profondément invraisemblable. Le seul fait que le corps de maximes juridiques connu par les classiques sous le nom de loi des XII tables proclamait la légitimité du testament, démontre assez que ce coutumier a une origine beaucoup plus récente que celle qu'on lui attribue généralement (2). Cet argument est au premier abord fort impressionnant.

(1) *Storia di Roma*, I, 1, p. 558-600 ; — I, 2, p. 546-641.
(2) *Loc. cit.*, I, 1, p. 574.

Certes, si la maxime *uti legassit* avait vraiment eu pour but, comme l'affirme la tradition romaine, de consacrer la légitimité de l'acte testamentaire, tel que le décrivent l'ouvrage de Gaius et les compilations de Justinien, l'historien aurait le droit de manifester quelque surprise et quelque méfiance en face de témoignages qui reportent l'introduction de cette règle au v⁰ siècle.

En effet, dans aucun autre milieu de culture similaire, le *de cujus* n'a été autorisé à se créer des successeurs universels de son choix, si ce n'est à titre exceptionnel et par le moyen seulement d'actes entre vifs, munis, dès avant la mort du disposant, d'effets immédiats et définitifs, investissant le gratifié d'un droit de copropriété comparable à celui des membres de la famille. Dans les civilisations archaïques, dont nous pouvons reconstituer la vie juridique, la fonction actuelle du testament est fort imparfaitement remplie : — 1° soit par des institutions qui tendent à produire principalement leurs effets dans le cercle du droit de famille et qui ne créent qu'accessoirement la vocation successorale, comme conséquence d'une transformation réalisée dans le *status familiæ* du gratifié ; modes de recrutement factices de la parenté dont deux surtout sont particulièrement usuels : l'adoption (Grèce (1), Inde (2), Egypte (3),

(1) Schulin, *Griechische Testament*, p. 17 et s. — Van Hille, *De testamento jure attico*, p. 1 et s ; — Beauchet, *Histoire du droit privé de la République athénienne*, II, p. 19 et s. ; — Dareste, *Plaidoyers civils de Démosthène*. Introd. p. xxxi ; — Van der Es, *De jure familiarum apud Athenienses*, p. 78 et s.

(2) Kohler, *Indisches Ehe-und Familienrecht. Zeits. für verg. R. w.*, 1882, III, p. 408-424 ; — *Krit. Vierteljahrschrift für G. und R. w., Neue Folge*, IV, p. 19 ; — Jolly, *Recht und Sitte*, passim ; — Dareste, *Etudes d'histoire du droit*, p. 74 ; — Gibelin, *Etudes sur le droit civil des Hindous*, I, 80. Pour l'Inde moderne : Kohler dans *Zeits. für verg. R. w.*, VI, p. 345-316 ; p. 395 ; — VII, p. 218-224 ; — VIII, p. 93-103, 100-112 ; — X, p. 132-133 ; — Mayne, *Hindu Law and usage*, 1883, p. 91 et s.

(3) Revillout, *Contrats de mariage et adoption dans l'Egypte et la Chaldée. Proceedings of the Society of biblical archeology*, IX, 1887, p.

Perse (1), Irlande (2), pays de Galles (3), Chine (4), Japon (5), peuples primitifs de l'Amérique du Nord (6), Arabie préislamique (7), ancienne Hongrie (8). Ossètes (9, etc. (10) ; la fraternité artificielle (11) (*adoptio in fratrem* de la constitution de Dioclétien (c. vi, 24, 7) (12), *fraternitas* du coutumier syro-romain (13), ἀδελφοποτία byzan-

167 ; — *Revue égyptologique*, II, p. 187 ; — Dareste, *Études d'histoire du droit*, p. 3.

(1) Dareste, *Études d'histoire du droit*, p. 110.

(2) D'Arbois de Jubainville, *Cours de littérature celtique*, VII, p. 250-252 ; — O'Curry, *On the manners and customs of the ancient Irish*, III, p. 467 et s.

(3) Walter, *Das alte Wales*, p. 421.

(4) Kohler, *Rechtsvergleichende Studien*, p. 192, et *Zeits. für verg. R. w.*, V, p. 423 ; — VI, p. 359-360, p. 377-379.

(5) Weipert, *Japanisches Familien und Erbrecht*, p. 3, p. 130-138.

(6) Kohler, *Zeits. für verg. R. w.*, XII, p. 390-392.

(7) Kohler, *Zeits. für verg. R. w.*, VIII, p. 244 ; — Robertson Smith, *Kinship and marriage in early Arabia*, p. 45 et s. ; — Sautayra et Cherbonneau, *Droit musulman*, I, p. 335 ; et pour la Kabylie : Hanoteau et Letourneux, *La Kabylie et les coutumes kabyles*, II, p. 189.

(8) Dareste, *l. c.*, p. 263. Cf. pour la Pologne, p. 190 ; la Suède, p. 290, la Norvège, 350.

(9) Kovalewsky, *Coutume contemporaine et loi ancienne*, p. 203 et 220.

(10) On trouvera, sur ce point, des indications plus détaillées dans Kohler, *Studien ueber die künstliche Verwandschaft. Zeits. für verg. R. w.*, V, p. 415-440 ; — Post, *Grundriss der ethnologischen Jurisprudenz*, I, p. 103 et s., II, p. 198 ; — Cf. *Zeits. für verg. R. w.*, VI, p. 315, p. 403 ; — X, p. 237-245 ; et Edwin Sidney Hartland, *The legend of Perseus*, II, p. 419 et s. Pour le droit germanique : Stobbe-Lehmann, *Handbuch*, IV, 1900, p. 451 et s. ; — Brunner, *Grundzüge*, p. 203.

(11) Sur cette institution de la fraternité artificielle, je signale surtout, parmi les travaux de généralisation, outre l'étude précitée de Kohler (*Studien ueber die künstliche Verwandschaft*), la monographie de Giovanni Tamassia, *L'affratellamento*, Turin, 1886.

(12) Tamassia, 43-57.

(13) Bruns et Sachau, *Syrisch-römisches Rechtsbuch*, p. 114, 141 et le commentaire de Bruns, p. 254 et s. ; — Tamassia, p. 57 et s., — Kohler, *Zeits. für verg. R. w.*, V, p. 437.

tine (1), *adfratrationes* des chartes lombardes (2), *Erbver-
bruderuengen* de la haute noblesse allemande (3), aveux de
parenté musulmans (4), dont le rôle diffère à cet égard de
celui des cofraternités slaves (5), et scandinaves) (6) ; — 2° soit
par des actes destinés à conférer au gratifié, sans modifier son
état de famille, la situation successorale d'un enfant du *de
cujus*, c'est-à-dire une vocation héréditaire protégée du vivant du disposant par les mêmes garanties que le droit d'expectative de l'héritier du sang (*Beispruchsrecht*), actes qui
placent, en tête de la liste des successibles *ab intestat*, des
étrangers ou des parents que la coutume n'appelait point en
ordre utile et qu'une loi barbare qualifie adoptions comme

(1) ZACHARIÆ VON LINGENTHAL, *Geschichte des griechisch-römischen
Rechts*, 2ᵉ édit., 1877, § 24, p. 96 et s. ; — TAMASSIA, p. 65-70 ; —
KOHLER, *l. c.*, p. 437·

(2) TAMASSIA, *Affratellamento*, p. 40-43 et *Alienazioni degli immobili e gli eredi secondo gli Antichi diritti germanici...* p. 213.

(3) STOBBE, *Handbuch*, V, 1885, p. 277, § 310 ; — BESELER, *Die
Lehre von Erbvertragen*, II, 1, p. 130 et s.

(4) Sur les formes anciennes de la fraternité fictive dans les
coutumes préislamiques, ROBERSTON SMITH, *Kinship and marriage*, p.
45 et s, p. 261 ; — QUATREMÈRES, *Les asyles chez les Arabes dans Mémoires de l'académie des inscriptions*, 1842, t. XV, 2ᵉ partie. p. 307 et
s. ; — GOLDZIHER, *Muhammedanische Studien*, I, p. 63-69, p. 134,
137 ; — KOHLER, *Zeits. für verg. R. w.*, VIII, p. 244 ; — Sur les formes
modernes de l'aveu de parenté, SAUTAYRA et CHERBONNEAU, *Droit
musulman*, I, p. 335-341 ; — ZEYS, *Traité élémentaire de droit musulman algérien*, II, p. 30-33.

(5) CISZEWSKI, *Künstliche Verwandschaft bei den Südslaven*, diss.
Leipzig, 1897 ; — KOVALEWSKY, *Coutume contemporaine et loi ancienne*,
p. 213-214 ; — MILENKO R. WESNITSCH, *Die Blutrache bei den Südslaven* dans *Zeits für verg. R. w.*, IX, p. 48-49 ; — KRAUSS, *Sitte und
Brauch der Südslaven*, Vienne, 1885, p. 619 et s. ; — DÉMÉLIC, *Le droit
coutumier des Slaves méridionaux*, 1876, p. 145 ; — POPOVIC, *Recht
und Gericht in Montenegro*, p. 48 et s. ; — TAMASSIA, p. 70 et s. ;
— DARINSKY, *Zeitschrift für verg. R. w.*, XIV, p. 168 et s.

(6) VINOGRADOFF, *Geschlecht und Verwandschaft im alt-norwegischen
Rechte* dans *Zeits. für Social-und Wirthschaftsgeschichte*, 1899, VII, p.
12-13 ; — PAPPENHEIM, *Die altdänische Schultzgilden*, 1885, p. 23 ; —
TAMASSIA, p. 10 et s. Pour les nombreux exemples d'institutions ana-

héritiers (affatomie salienne et ripuaire (1), *thinx* lombard (2), modèles d'adoptions des formulaires francs (3), chartes d'*affiliationes* lombardes), (4) ; — 3° soit par des contrats successoraux (modèles d'affatomies, d'*ereditoriæ*; — rappels à succession (5), d'*interdonationes* ; — dons mutuels entre époux (6) ; — des formules de l'époque franque, institutions contractuelles, *Erbvertrag* allemand (7) ; — *Dona-*

logues (échange du sang) qu'offre l'ethnographie : KOHLER, *Künstliche Verwandschaft*, p. 434 ; — POST, *Ursprung des Rechts*, p. 45 ; — *Anfänge des Staat-und Rechtslebens*, p. 7 ; — *Grundriss*, I, p. 94 et s. ; — WAITZ-GERLAND, *Anthropologie*, VI, p. 130 et s.

(1) *Lex salica*, XLVI, et le 1er capitulaire additionnel, I, 8, § 2 ; — BORETIUS, *Capitularia*, I, p. 293, n° 142, c. 8 ; *Lex Ribuaria*, XLVIII-XLIX ; — BORETIUS, I, p. 118, n° 41, c. 8 ; — HEUSLER, *Institutionen*, II, p. 621-626 ; — SCHMIDT, *Die affatomie der lex Salica*, Münich, 1891 ; — STOBBE, *Handbuch des deutschen Privatrechts*, V, 1885, § 208, p. 170 et s. ; — BESELER, *Die Lehre von Erbverträgen*, I, p. 9 et s. ; — HALBAN, *Entstehung des deutschen Immobiliarseigenthums*, 1894, p. 285 ; — DARESTE, *Etudes d'histoire du droit*, p. 406 ; — VIOLLET, *Histoire du droit civil français*, p. 862 ; — GLASSON, *Histoire du droit et des institutions de la France*, III, p. 32 et s. ; — AUFFROY, *Evolution du testament*, p. 147-159 ; — R. CAILLEMER, *Origines et développement de l'exécution testamentaire*, p. 29-45.

(2) SCHUPFER, *Thinx e affatomia*, Rome, 1892, extrait des mémoires de l'académie del Lincei ; — PAPPENHEIM, *Launegild und Garethinx* dans GIERKE, *Untersuchungen*, n° XIV, 1882, p. 45 et s. ; — VAL DE LIÈVRE, *Launegild und Wadia*, p. 34-38 ; — PALUMBO, *Testamento romano e testamento langobardo*, 1892, p. 250-300.

(3) ROZIÈRE, n° 133-138. Cf. aussi la curieuse notice d'adoption du cartulaire de Saint-Sauveur de Redon, n° 109.

(4) *Codex diplom. Cavensis*, II, 368, p. 210 ; — 400, p. 255 ; — IV, 673, p. 230 ; — *Regesto di Farfa*, 151, II, 125 ; — TROYA, *Cod. diplom. lang.*, III, 512 ; — V, 929. Cf. SCHUPFER, *Thinx e affatomia*, p. 7, 23, 28 du tirage à part.

(5) ROZIÈRE, *Formules*, n° 128-137.

(6) ROZIÈRE, n° 243-253.

(7) BESELER, *Die Lehre von Erbverträgen*, I, 1835, p. 1 et s. ; — STOBBE, *Handbuch*, 1885, V, p. 170-195, § 208-300 ; — VON WYSS dans *Zeits. für schweizerisches Recht*, ancienne série, XIX, 1875, p. 68-160.

tiones post obitum et *donationes reservato usufructu* ou *re-servata precaria* du haut Moyen Age (1) ; — *Vermächtnissver-trag* allemand (2) ; — et les modes de disposition similaires du droit babylonien (3), du droit juif (4), égyptien (5), etc.) ; — 4° soit par l'emploi d'intermédiaires de transmission investis par actes entre vifs de la propriété des biens dont le *de cujus* veut disposer, et chargés de la retransférer, soit après la mort de ce dernier, soit immédiatement, aux véritables destinataires (exécuteurs testamentaires et exécuteurs entre vifs du haut moyen âge chrétien (6) ; — institutions analogues du droit hébraïque (7), du droit byzantin (8), du droit musulman (9), et, semble-t-il, du droit assyrien (10), *mancipatio familiæ* romaine) ; — 5° soit

---

(1) HUEBNER, *Die donationes post obitum* (GIERKE, *Untersuchungen,* XXVI), p. 1 et s., et la bibliographie citée par lui. — Cf. AUFFROY, *Evolution du testament,* p. 193 et s.

(2) STOBBE, *Handbuch,* V, § 312, p. 298 et s. .

(3) KOHLER dans *Zeits. für verg. R. w.,* III, 1882, p. 216-217 ; — *Jurist Exkurs zu Peiser's babylonischen Verträgen,* 1890, § 4 ; — KOHLER UND PEISER, *Aus dem babylonischen Rechtsleben,* II, 1891, p. 19.

(4) BLOCK, *Mosaisch-talmüdisches Erbrecht,* p. 43 et s. ; — RAPAPORT, *Der Talmud und sein Recht* dans *Zeitschrift für verg. R. w.,* XIV, 1900, p. 94-148.

(5) GRIFFITH, *Wills in ancient Egypt* dans *Law quarterly Review,* XIV, 1898, p. 47 et s.

(6) Voir sur ce point l'étude de M. SCHULTZE dans les *Untersuchungen* de Gierke : *Die langobardische Treuhand und ihre Umbildung zur Testamentsvollstreckung,* et surtout le remarquable ouvrage de R. CAILLEMER, *Origines et développement de l'exécution testamentaire.* Lyon, 1901.

(7) BLOCK, *Mosaisch-talmüdisches Erbrecht,* p. 55 et s. ; — MORDCHÉ RAPAPORT, *Zeitschrift für verg. R. w.* XIV, p. 102, 115, 122.

(8) ZACHARIÆ VON LINGENTHAL, *Histoire du droit privé gréco-romain,* trad. Lauth. *Nouvelle revue historique du droit,* 1866, XII, p. 485 et s.

(9) SACHAU, *Muhammedanisches Recht nach schafiitischer Lehre,* p. 238 ; — HAMILTON GRADY, *The Hedaya,* p. 697-703 ; — QUERRY, *Droit musulman,* I, p. 627-631 ; — VAN DEN BERG, *Minhâdj at Talibin,* II, p. 270-282.

(10) OPPERT et MENANT, *Documents juridiques de l'Assyrie et la*

enfin par des libéralités, portant seulement sur des objets particuliers et non sur l'ensemble du patrimoine, dont la coutume permet au chef de famille mourant d'ordonner l'accomplissement par les héritiers du sang ; mais dont l'exécution n'est le plus souvent garantie que par des obligations morales, par un devoir de piété imposé à l'héritier (haut Moyen Age chrétien (1), droit juif (2), et nombreux exemples fournis par l'ethnographie) (3). Quelque variés que soient les procédés employés par les civilisations encore rudimentaires pour réaliser l'équivalent de dispositions universelles *post mortem*, nous ne rencontrons dans aucun d'eux le trait qui caractérise le testament, tel que nous l'avons emprunté au droit romain classique, la dévolution du patrimoine du *de cujus* en dehors du cercle de la copropriété familiale par la seule vertu d'une volonté qui, selon le mot d'Ulpien, *ambulatoria est usque ad vitæ supremum exitum* et ne commence à produire d'effets qu'après la disparition de celui qui a voulu. La difficulté de concevoir l'attribution d'une pareille énergie à la volonté d'un mort a formé, dans les coutumes de l'Europe occidentale, un obstacle à la propagation de l'usage du testament romain beaucoup plus durable que la copropriété familiale elle-même. L'institution d'héritier par contrat ou l'*Erbvertrag* s'est développée chez nous longtemps avant l'institution d'héritier testamentaire. En Angleterre, le testament ayant pour objet la *real property* a conservé jusqu'à 1837 d'importants vestiges de sa nature primitive de

Chaldée, p. 299-300 ; p. 311-312, etc. ; — KOHLER UND PEISER, *Aus dem babylonischen Rechtsleben*, II, p. 19 et s.

(1) AUFFROY, *Evolution du testament*, p. 331 et s.

(2) BLOCK, *Mosaisch-talmüdisches Erbrecht*, § 88, p. 59.

(3) Cf. KOHLER, *Zeits. für verg. R. w.*, VIII, p. 133 ; — POST, *Grundriss*, II, p. 197 ; — *Bausteine*, II, p. 179, et les observations, quelque peu divergentes, mais puisées à des sources insuffisamment sûres, que le même auteur rapporte dans son *Africanische Jurisprudenz*, II, p. 18.

conveyance, d'opération entre vifs (1) et, à l'heure actuelle encore, de curieuses survivances des mêmes idées se retrouvent dans les sytèmes juridiques de la Suisse centrale vivant sous l'empire de la coutume (2). L'antériorité du contrat — ou, d'une manière plus générale, de l'acte entre vifs — par rapport à l'acte à cause de mort comme moyen pour le *de cujus* de faire passer sa succession à des héritiers de son choix, la naissance tardive du testament proprement dit, sa localisation dans les périodes de culture déjà fort avancées, ressortent, dès aujourd'hui, comme des règles très générales du développement du droit. J'en fournirai la démonstration détaillée et, je l'espère, convaincante, dès le présent volume, en tête du chapitre où j'étudierai les rapports réciproques des trois sources de la vocation successorale : loi, testament, contrat.

Si vraiment Rome a connu, dès le ve siècle avant notre ère, l'acte à cause de mort et l'institution d'héritier testamentaire, sa législation apparaît dans l'histoire naturelle des systèmes juridiques comme une sorte de monstre (3) impossible à classer dans l'une des catégories connues. Un véritable miracle s'est opéré en sa faveur. Mais pour faire cesser cette anomalie, pour dissiper ce mystère, il ne suffit pas d'abaisser avec M. Pais la date traditionnelle des XII tables d'un siècle et demi. L'existence du concept mo-

(1) JAMES WILLIAMS, *Wills and intestate succession*, p. 11 ; — STEPHEN, *Commentaries*, 1886, I, p. 506 ; — HOLDSWORTH et WICKERS, *The law of succession testamentary and intestate*, p. 5 et 27 ; — JOSHUA WILLIAMS, *Principles of the law of real property*, 18e édit., p. 73 et 220 ; — GOODEVE, *Modern law of real property*, 4e édit., 1897, 328 et 392 ; — REGINALD A NELSON, *The law of property*, Londres et Madras, 1893, p. 428 et s. ; — BIGELOW, *The law of wills*, Boston, 1898, p. 19-20.

(2) HUBER, *System und Geschichte des schweizerischen Privatrechtes*, II, p. 260 et s. ; — LARDY, *Législations civiles des cantons suisses en matière de tutelle*, etc., 1877, p. 107-109, 203, 275-277, 281-283.

(3) Cf. HUVELIN, *Nouvelle revue historique de droit*, 1901, p. 398, note 1.

derne du testament est à peu près aussi invraisemblable au début du IIIe siècle qu'au milieu du Ve. A elle seule, en dehors de toute question de date, la présence de la notion raffinée et subtile du testament dans une législation, dont tous les autres éléments ont un caractère archaïque très accusé, contredit les données les plus solides de l'histoire comparative et de l'ethnologie juridique. C'est dans une tout autre direction qu'il convient de chercher les moyens de rétablir l'harmonie entre les affirmations de la tradition romaine et les enseignements de l'histoire comparative ; c'est dans la dénégation de la nature véritable de testament à l'acte visé primitivement par la règle *uti legassit super pecunia tutelave suæ rei ita jus esto*.

Il est vrai qu'il nous faut pour cela repousser une allégation très formelle de la tradition romaine. Mais cette tradition présente-t-elle les garanties de certitude et d'authenticité suffisantes pour s'imposer à nous sans contrôle ? Il est permis d'en douter. Les fragments trop peu nombreux des premiers monuments du droit romain, qui sont parvenus jusqu'à nous, et notamment les reconstitutions artificielles et conjecturales des XII tables, ne contiennent la solution que de bien peu de problèmes. Ce n'est qu'à partir du temps de Plaute que la littérature latine ou grecque peut nous procurer quelques rares témoignages historiques sur les institutions juridiques de Rome.

Pour les siècles antérieurs, l'historien en est réduit à la dure nécessité d'utiliser les renseignements que lui fournissent les auteurs dont les moins récents ont vécu quatre siècles environ après la rédaction des XII tables, des orateurs comme Cicéron (1) ; des historiens comme Tite-Live ou Denys d'Halicarnasse, chez qui le souci de l'effet littéraire est infiniment plus marqué que la préoccupation de la critique des sources (2) ; des grammairiens du IIe ou du

____

(1) Cuq. *Institutions juridiques des Romains. L'ancien droit*, Paris, 1891, p. 18.

(2) Ettore Pais, *Storia di Roma*, I, 1, 1898, p. 78-91 ; I, 2, 1899.

IIIe siècle de notre ère, comme Festus (1) ; de rassembler et de confronter les allusions au passé juridique de Rome éparses dans les œuvres des jurisconsultes classiques et de faire état des témoignages de ceux-là mêmes d'entre ces juristes qui, comme Pomponius (2), sont souvent surpris en flagrant délit d'erreur historique, même en ce qui concerne les faits qui se sont passés dans des temps très rapprochés du leur. En bonne logique, on devrait demander à de pareils documents, non pas la révélation du processus de l'évolution du droit romain, tel qu'il s'est effectivement déroulé pendant les phases antérieures au principat, mais seulement l'indication de la façon dont ce processus a été conçu par les Romains de la fin du VIIe ou du début du

p. 375, note 1, p. 685, note 1 ; — MOMMSEN, *Römische Forschungen*, II, 1879, p. 221 et s., p. 501 et s. ; — BEHNHOEFT, *Staat und Recht der römischen Königszeit im Verhältniss zu verwandten Rechten*, Stuttgart, 1882, p. 1-16 ; — CUQ, *loc. cit.*, p. 17. Celui de ces historiens dont le témoignage est accueilli d'ordinaire avec le plus de confiance par les romanistes est encore Tite-Live. Et pourtant les procédés de composition de cet auteur, et le degré de crédibilité qu'il mérite, n'ont-ils pas été suffisamment mis en lumière par la belle étude de NISSEN, *Kritische Untersuchungen ueber die Quellen der vierten und fünften Dekade des Livius*, Berlin, 1863, qui nous fait assister au curieux travail de transformation auquel Tite-Live soumet les récits de l'un de ses guides, Polybe, pour leur imprimer une tournure littéraire et accommoder l'histoire au goût du public romain ? L'étude des sources du livre de Tite-Live et des méthodes de travail de cet écrivain a d'ailleurs provoqué de nos jours une abondante littérature dont on trouvera l'énumération et l'analyse dans SCHANZ, *Geschichte der römischen Litteratur*, 2e partie, I, Münich, 1899, p. 259-267, § 325 et 326 (*Handbuch der Klassichen Alterthumswissenschaft* de Iwan von Mueller, VIII) et dans SOLTAU, *Livius' Geschichtswerk : Kompositionen und Quellen*, Leipzig, 1897, p. 9.

(1) KRUEGER, *Geschichte der Quellen*, p. 173 = BRISSAUD, p. 231 ; — GIRARD, *Manuel élémentaire de droit romain*, 2e éd. 1898, p. 63, note 4.

(2) GIRARD, *Compte rendu du livre de Krueger (Geschichte der Quellen)* dans *Nouvelle revue historique de droit français et étranger*, 1890, p. 331 ; — JOERS, *loc. cit.*, p. 10 ; — CUQ, *Institutions juridiques*, p. 473, note 2 et les auteurs cités par lui ; — MUIRHEAD, *Introduction historique au droit privé de Rome* (traduction Bourcart), p. 18-19.

vııı° siècle dë la fondation, ou par ceux des premiers siècles de notre èro.

Pour nous faire prendre conscience de la fragilité des constructions édifiées à l'aide de tels matériaux, il n'est peut-être pas d'épreuve plus décisive que le rapprochement de cette branche, très florissante à l'heure actuelle, de la littérature européenne, qui a pour objet les origines du droit canonique musulman, du *fiqh*, et surtout l'histoire des sources de ce système juridique, ou plutôt de cet ensemble de systèmes juridiques. A côté d'œuvres de très haute valeur scientifique, comme celles de Goldziher (1), de Schnouck-Hurgronje (2) et de quelques autres orientalistes (3), qui

(1) *Die Zahiriten, ihr Lehrsystem und ihre Geschichte;* — *Beiträge zur Literaturgeschichte der Shí'a und der sunnitischen Polemik;* — *Ueber die Entwicklung des Hadith* dans ses *Muhammedanische Studien* II, p. 1-275; — et ses articles dans la *Zeits. der d. morg. Gesellschaft*, L, 1896, p. 465-506 et dans la *Zeits. für verg. R. w.*, VIII, 1889, p. 405-423.

(2) Voir les deux études parues en 1886, l'une dans l'*Indische Gids* (*Mohammedaansch regt en regtwetenschap*), l'autre dans le *Rechtsgeleerd Magazijn* (*De fiqh en de vergelijkende regtwetenschap*), divers chapitres de sa *Mekka* et de son *de Atjehers*, la longue récension du livre de Sachau (*Muhammedanisches Recht nach schafiitischer Lehre*) dans la *Zeits. der d. morg. Gesell.* de 1899 et surtout deux importants articles des *Bijdragen tot de taal-land en volkenkunde van Neder-lansch-Indië*, 4° série, VI, p. 392-421 et de la *Revue de l'histoire des religions*, XXXVII, 1898, p. 1-22; 174-203.

(3) Par exemple les travaux classiques de VON KREMER, *Geschichte der herrschenden Ideen des Islams*, p. 138 et s. et *Culturgeschichte des Orients unter den Chalifen*, I, p. 474-504; — de SPRENGER : Introduction du 3° volume de *Leben und Lehre des Mohammads* et ses études dans *Journal of the asiatic society of Bengal*, XXV, 1856, p. 303-329; 375-381; — *Zeits. der d. morg. Gesell.*, 1856, X, p. 1-17; — *Zeits. für verg. R. w.*, 1892, X, p. 1-31; — de SACHAU, *Sitzungsberichte* de l'Académie des sciences de Vienne, *phil.-hist. classe*, 1870, LXV, p. 699-723; — de MUIR, Introduction de *The life of Mahomet*. Cf. encore *Journal of the american oriental society*, VII, 1862, p. 60-142 et *Journal asiatique*, IX° série, XVI, 1900, p. 315-340. Le lecteur trouvera l'analyse de l'ensemble de ces travaux des orientalistes con-

décrivent les événements juridiques des trois premiers siècles de l'hégire d'après le témoignage des écrivains arabes contemporains de ces événements, nous y trouvons aussi des productions de tout autre nature, comme les livres de Savvas Pacha (1) qui exposent la conception que se font communément, de nos jours, les lettrés musulmans des procédés par lesquels s'est opérée la constitution du *fiqh*. Tandis que Goldziher et Schnouck-Hurgronje reconstruisent l'histoire des sources du droit musulman d'après les documents authentiques, Savvas Pacha la reconstitue d'après des traditions populaires qui se sont fixées entre le v° et le ix° siècle de l'hégire (2). La confrontation des conclusions obtenues par ces deux voies si différentes nous montre assez combien l'histoire devient méconnaissable sous les transformations et les embellissements que lui fait subir la tradition (3). Pour pénétrer l'esprit des institutions du très ancien droit romain, l'historien ne dispose, tant qu'il se cantonne dans le cercle borné de la littérature latine, que d'instruments similaires, non point à ceux dont se sont servis Goldziher et Schnouck-Hurgronje, mais à ceux-là

temporains sur l'histoire des sources du droit musulman dans le livre, actuellement, sous presse, dont je détache cette brochure : *Etudes de droit commun législatif ou de droit civil comparé*, première série, t. I, *Introduction. La fonction du droit civil comparé*, p. 279-389.

(1) *Etudes sur la théorie du droit musulman*, Paris, I, 1892 ; — II, 1898.

(2) Savvas Pacha signale lui-même, parmi les principales sources où il a puisé ses renseignements sur l'évolution du droit pendant les trois premiers siècles de l'islam, des traités de méthodologie (*ouçoul al-fiqh*) dont l'un, le livre de Pezdewi, ne remonte qu'au v° siècle de l'hégire ; dont un autre, l'ouvrage de Mosla Hosrev, appartient même au I° siècle.

(3) C'est ce qui résulte des récensions du travail de Savvas Pacha données par GOLDZIHER, *Byzantinische Zeitschrift*, 1893, II, p. 317 et s., et SCHNOUCK-HURGRONJE, *Revue de l'histoire des religions*, XXXVII, p. 201 et s. Cf. la réponse de Savvas Pacha au premier de ces comptes rendus : *Le droit musulman expliqué*, Paris, 1896.

seulement qu'a utilisés Savvas Pacha. Il ne peut, dès lors,
atteindre que des résultats incertains et précaires.

Les savantes recherches de M. Ettore Pais nous permettent d'ailleurs de préciser nos motifs de suspicion à
l'égard de la tradition romaine. Avec une remarquable sû-
reté d'érudition et une rare vigueur de dialectique, M. Pais
s'est attaché, dans les deux volumes compacts de sa *Storia
di Roma*, à démontrer que les plus anciens documents dont
se soient servis les historiographes, et particulièrement les
Annales des pontifes, n'ont été composés qu'assez tard, à
l'aide de mémoires et de généalogies domestiques, romans
historiques édifiés par l'orgueil familial ; que les pontifes
ont construit l'histoire officielle de la royauté et des premiers temps de la République, en l'accommodant à leurs
tendances politiques et morales, en obéissant au souci visible de défendre leurs intérêts sacerdotaux et de flatter les
sentiments populaires (1). Sans doute, toutes les conclusions
de l'auteur ne sauraient être acceptées comme définitives.
Parmi les exemples d'anticipations et de duplications qu'il
signale, beaucoup sont fort contestables. La tentative faite
en vue de dissocier, par la simple analyse du contenu de la
tradition, l'apport de la légende de celui de l'histoire, me
paraît elle-même quelque peu chimérique. Si Goldziher (2)
a pu poursuivre avec plein succès une démonstration critique du même genre en ce qui concerne la tradition mu-
sulmane, c'est que la richesse relative de l'ancienne littérature arabe lui fournissait des instruments précis de contrôle,
des moyens de vérification matérielle qui font absolument

(1) Pour le développement de ces idées générales, cf. I, 1, p. 1-
128 ; en ce qui concerne spécialement les *Annales maximi*, I, 1,
p. 27 et s., et pour les fastes, I, 2, p. 643 et s. L'auteur se propose
d'ailleurs de reprendre et d'approfondir cette critique des sources
dans un volume complémentaire : *Fasti ed Annali, Culti e Leggende
dell' antichissima Roma*. Ce volume, quoique annoncé pour 1900,
n'est pas encore paru à l'heure où j'écris ces lignes.
(2) *Muhammedanische Studien*, II, p. 1-273.

défaut au romaniste. Mais, du moins, les travaux de M. Pais
ont-ils bien clairement établi que la date assignée par l'école
de Mommsen au début de la période historique romaine
est reportée beaucoup trop loin dans le passé; que les temps
légendaires sont suivis à Rome d'une assez longue période,
s'étendant jusqu'au temps des guerres puniques, pendant
laquelle nous ne sommes renseignés sur les événements de
la vie du peuple romain que par une sorte d'histoire sacrée,
arrangée au goût populaire largement pénétrée de légendes
et à laquelle nous n'accorderions certainement pas plus de
confiance qu'aux divers corps de traditions religieuses, si
notre sens critique n'était paralysé par un respect supersti-
tieux de l'antiquité classique. Les monuments de la littérature latine ou grecque, d'où le romaniste tire ses renseignements sur les institutions juridiques des premiers siècles de
la République, ne présentent incontestablement pas les
caractères requis pour qu'une saine critique historique per-
mette de leur attribuer la valeur de témoignages authentiques. Nous nous exposerions à d'innombrables causes
d'erreur si nous utilisions la tradition romaine sans la contrôler.

Mais comment exercer ce contrôle? Nous n'avons à notre
disposition, pour procéder à cette opération délicate, d'autre
instrument efficace que l'histoire comparative. Seule, la
comparaison des législations, dont les périodes de constitution, dont les phases anciennes s'ouvrent directement aux
investigations de l'historien (1), pourra dégager de la tra-

(1) Parmi les systèmes juridiques du passé, il en est plus d'un
que nous pouvons étudier, à la lumière des documents historiques,
et non plus seulement à l'aide de traditions populaires, dans des
phases de son développement correspondantes à celles qui se sont
déroulées à Rome pendant les temps légendaires. Je n'en veux pour
l'instant citer que deux exemples : les coutumes germaniques, le
droit hébraïque. Ce dernier système est devenu aujourd'hui, grâce
au merveilleux développement qu'a pris la critique biblique pendant le XIX° siècle, l'une des mines de renseignements les plus pré-
cieuses auxquelles puisse puiser l'historien du droit comparé. Le

dition populaire romaine les faits historiques qui s'y trouvent dissimulés sous l'amas des légendes et leur restituer leur véritable signification. L'histoire du droit romain, non seulement pendant l'époque légendaire des rois, mais aussi pendant les temps demi-historiques de la République, est appelée, j'en ai l'intime conviction, à se transformer très profondément sous l'influence de l'histoire comparative des institutions (1).

lecteur trouvera dans mon introduction sur *La fonction du droit civil comparé*, p. 231-279, l'indication de celles des conclusions de la critique biblique qui intéressent l'histoire des sources du droit hébraïque, et l'analyse des données que la comparaison des divers recueils juridiques, s'échelonnant par leurs dates sur environ quatre siècles, dont la Bible nous a conservé le texte — *Livre de l'Alliance*, *Deutéronome* et les quatre petits coutumiers incorporés dans les pandectes lévitiques — nous fournit sur l'histoire de la formation de la notion de la norme juridique.

(1) A l'heure actuelle, les romanistes français reconnaissent à peu près universellement la nécessité de recourir à l'histoire comparative, afin de suppléer à l'insuffisance des sources romaines pour la reconstitution des premières étapes de l'évolution de cette législation. GIRARD, *Manuel* (2), p. 15 *Les travaux allemands sur l'histoire du droit comparé. Nouvelle revue historique*, X, 1886, p. 224-238 ; — *Les actions noxales* (Extrait de la nouvelle revue historique de droit) 1888, p. 62 et s. ; — JOBBÉ-DUVAL, *Etudes sur l'histoire de la procédure civile des Romains*, I, 1896, p. v-vi ; — CUQ, *Institutions juridiques*, p. 19 ; — cf. LANDUCCI, *Storia del diritto romano*, seconde éd., I, 1, p. 2 ; — COSTA, *Storia del diritto romano*, I, int., p. xxii ; — CARLE, *Le origini del diritto romano*, 1888, préf. p. v et s. D'intéressantes tentatives ont été faites dans ce sens, mais malheureusement avec une base de comparaison beaucoup trop étroite, à l'aide d'éléments empruntés à un trop petit nombre de systèmes juridiques indo-européens par BERNHOEFT, *Ueber Zweck und Mittel der vergleichenden Rechtswissenschaft* dans *Zeitschrift für verg. R. w.*, I, 1878, p. 1-38 ; — *Ueber die Grundlagen der Rechtsentwickelung bei den indogermanischen Völkern*, même revue, II, 1880, p. 253-328, et par LEIST (qui cherche surtout à retrouver le droit antérieur à la séparation des divers rameaux aryens et part d'ailleurs de postulats très discutables et d'idées fort surannées) : *Graeco-italische Rechtsgeschichte*, 1884 ; — *Altarisches Jus gentium*, 1889 ; — *Altarisches Jus civile*, 1892-1896. Des tendances un peu moins étroites s'affirment dans quelques.

N'exagérons pas d'ailleurs le rôle qui incombe à cet égard
au droit comparé. Il a pour mission, non pas de remplacer,
mais d'éclairer la tradition. Le seul fait qu'une des affirmations de l'historiographie nationale est en contradiction
flagrante avec les données, même les plus concordantes et
les plus précises, de l'histoire comparative, ne démontre
pas par lui-même l'inexactitude de cette affirmation. Il
existe, en effet, des monstres dans l'histoire des sociétés
humaines aussi bien que dans l'histoire des espèces ani-
males. Mais il y a là un motif décisif de montrer quelque
défiance à l'égard de la tradition, de la soumettre à un examen attentif, de rechercher si ses autres éléments ne seraient
pas de nature à confirmer et accentuer la suspicion naturelle qu'elle inspire. Très souvent, elle fournira elle-même à
l'historien les indices nécessaires pour transformer ses soup-
çons en certitude. Ces indices sont surtout de deux sortes :

1° L'absence de correspondance entre les formes et les
effets attribués par les classiques à un acte juridique du très
ancien droit. La procédure et les symboles varient beaucoup moins vite que le fond du droit. Le souvenir d'un
cérémonial survit d'ordinaire longtemps à la conscience de
sa signification primitive. Si les auteurs latins, dont nous
utilisons le témoignage, faute d'autres sources, ont commis
quelque méprise — comme l'atteste la circonstance que je
viens de prévoir — dans la description de telle ou telle institution archaïque, sortie de l'usage bien avant le temps où
ils ont vécu, il y a donc lieu de présumer qu'ils se sont
trompés dans l'exposé des effets plutôt que dans l'exposé
des formes de l'opération en question. Il suffira généralement, pour rectifier les indications erronées qui nous sont
fournies sur les effets de cette opération, de dégager la

uns des articles publiés plus récemment par Bernhöft dans la
Zeitschrift für verg. R. w., articles où le droit romain n'a plus qu'une
place tont à fait accessoire : *Zur Geschichte des europäischen Fami-
lienrechts*, VIII, 1889, p. 1-28 ; 161-222 ; 384-406. *Altindisches Familien-
organisation*, IX, p. 1-43 ; — *Die Principien des europäischen Fami-
lienrechts*, IX, p. 392-444, etc.

signification réelle de ses formes. Mais comment découvrir les vertus attachées à ces formalités par les hommes qui les ont pratiquées ? Avec les seules lumières de notre intelligence et de notre imagination ? Non, certes. Leur véritable sens ne peut nous être révélé que par l'histoire comparative. Quand le cérémonial décrit par les classiques — ou du moins ses traits essentiels — se retrouve, abstraction faite des détails, dans les milieux de culture analogue à la Rome antique qui sont pleinement accessibles à l'histoire et apparaît, dans toutes ces sociétés, destiné à atteindre le même but général, il devient très vraisemblable que l'acte, auquel correspond ce cérémonial et dont la tradition nationale n'a conservé que confusément le souvenir, a eu à Rome, à peu de chose près, la même structure juridique, la même fonction économique et sociale que dans les civilisations similaires dont nous pouvons étudier le fonctionnement.

2° Les *survivances*. Les institutions que le progrès des mœurs et les transformations de la vie économique font tomber en désuétude, laissent toujours derrière elles quelques traces. Elles communiquent quelques-uns de leurs caractères aux institutions qui les supplantent. Bien des règles juridiques conservent leur empire longtemps après la disparition de leurs raisons d'être. Ce sont les *survivances*. L'étude des survivances va-t-elle nous permettre, du moins quand nous les rencontrons en grand nombre, de reconstituer les institutions évanouies auxquelles elles se rattachent ? Oui, mais à la condition de réclamer le secours continu de l'histoire comparative. En dehors de là, il n'y a place qu'à des conjectures invérifiables. C'est seulement quand les dispositions de la jurisprudence classique — chez lesquelles l'impossibilité de leur trouver une justification rationnelle, une explication plausible, dénonce le caractère de *survivances* —, se présentent uniformément dans les milieux historiques peu avancés, comme les effets habituels de tel ou tel type d'institutions, que l'on peut affirmer sans trop grande témérité que leur présence dans le droit classique témoigne de l'existence dans le très ancien droit romain d'une institution appartenant à ce type.

Chacun de ces deux indices, même isolé, conduit déjà à formuler des hypothèses un peu moins fragiles que celles qui nous sont suggérées par la littérature latine. Quand ils se trouvent réunis, ils nous donnent le maximum de probabilité que nous puissions atteindre dans notre travail de reconstitution des phases antéhistoriques de l'évolution d'un système juridique.

Si nous soumettons au contrôle nécessaire de l'histoire comparative les données de la tradition romaine sur la succession des modes de disposition de dernière volonté, nous aboutirons à des conclusions notablement différentes de celles qu'acceptent d'ordinaire les romanistes sur la foi des écrivains de la fin de la République et des premiers siècles de notre ère. Nous constaterons aisément que le concept du testament, tel que nous l'entendons aujourd'hui, n'est qu'une production relativement tardive de la jurisprudence romaine.

Ceux des romanistes dont la vue s'étend au delà de l'horizon borné du droit romain, et qui poursuivent parallèlement l'étude de l'histoire de cette législation et de l'histoire d'autres systèmes juridiques se sont, pour la plupart, engagés depuis longtemps dans cette voie. Dès 1825, l'un des écrivains qui ont le plus contribué à préparer la constitution d'une science de l'histoire comparative du droit, Edouard Gans (1) développait cette thèse que le prétendu testament du temps des XII tables (testament comitial ou testament *in procinctu*) avait eu, en réalité, pour fonction d'établir des liens de famille entre l'auteur de la disposition et les héritiers désignés dans l'acte, et il puisait dans l'analyse des textes littéraires de nombreux arguments, destinés à établir que l'opération juridique, improprement qualifiée testament par les juristes romains de l'époque classique, présentait la nature véritable d'adoption ; ce mot adoption étant

____

(1) *Das Erbrecht in weltgeschichtlicher Entwickelung*, II, p. 37-74.

pris dans son sens large (Gans regardait la distinction de l'adrogation et de l'adoption comme relativement récente). L'idée de Gans a été reprise sous une forme nouvelle et rajeunie par Schulin (1) qui voit dans le testament *in calatis comitiis* l'équivalent exact du testament grec avec εἰςποίησις, c'est-à-dire une adoption testamentaire ou plutôt le fondement d'une adoption *post mortem*, un ordre donné à l'héritier de se laisser adroger après le décès du testateur, un souhait exprimé par le disposant, en formes solennelles, devant l'assemblée populaire que les cérémonies de l'adrogation soient accomplies après sa mort et, par conséquent, sans sa coopération. D'après la théorie de Schulin aussi bien que d'après la théorie de Gans, le testateur du vieux droit romain n'a pu conférer à des étrangers la vocation héréditaire qu'à condition de les transformer en parents ; le testament des XII Tables a été un instrument servant, non point à écarter la succession *ab intestat*, mais, comme les modes de dispositions universelles des coutumes germaniques, à allonger ou modifier la liste des héritiers légitimes. La retouche que Schulin, poussé par le souci trop ouvertement avoué d'identifier l'évolution du droit romain et celle du droit grec, fait subir à la théorie de Gans, n'est pas des plus heureuses. Sous la forme plus compliquée et plus subtile que lui donne Schulin, la thèse de Gans devient plus aisément critiquable et perd une partie des points d'appui qu'elle rencontrait dans l'histoire comparative. La doctrine qui érige le testament comitial en un mode d'adrogation ou d'adoption se heurte d'ailleurs, en dehors même des difficultés nouvelles que soulève la formule qui en est présentée par Schulin, à de graves objections (2). Peut-être cependant pourrait-on être tenté de voir, dans les renseignements que nous possédons sur l'adoption testamentaire romaine, un indice permettant de

(1) *Das griechische Testament verglichen mit dem römischen*, Bâle, 1882, p. 50-54 ; — *Lehrbuch*, p. 458.

(2) Girard, *Manuel* (2), p. 780, note 2.

croire que l'adoption a joué à Rome, dans l'histoire du régime successoral, le même rôle que dans tant de législations
anciennes. L'existence de l'adoption testamentaire ne nous
est révélée à Rome qu'à partir de la fin de la République,
mais cela s'explique sans doute par l'insuffisance, si manifeste, des sources en ce qui concerne les périodes antérieures (1). D'après M. Cuq (2), au moment où nous commençons à la connaître, elle est déjà en pleine décadence ;
nous n'en percevons que les dernières lueurs. On peut faire
valoir en ce sens, d'une part, le silence absolu observé par
les jurisconsultes classiques, d'autre part, l'ambiguïté et
l'imprécision de la structure juridique de cet acte, qui nous
autorisent à penser que nous sommes en présence d'une
institution qui survit à sa raison d'être originaire, qui a
perdu sa nature et sa fonction primitives. On sait, en effet,
quelle variété d'opinions a suscité le problème de la classification à attribuer à l'adoption testamentaire, parmi les
catégories habituelles de la pensée romaine, testament et
adrogation (3). C'est incontestablement l'adoption qui, dans
les cités grecques, a ménagé la transition de la succession
exclusivement légitime à la succession testamentaire et le
développement des testaments sans εἰσποίησις n'y a jamais
étouffé la pratique plus ancienne de l'adoption testamentaire (4). L'adoption testamentaire elle-même s'y est greffée

(1) LÉVAS, *L'adoption testamentaire à Rome. Nouvelle revue historique
de droit français et étranger*, XXI, 1897, p. 724.

(2) *Institutions juridiques*, p. 236-239 ; — cf. MITTEIS, *Reichsrecht
und Volksrecht in den östlichen Provinzen des römischen Kaiserreichs*,
p. 340.

(3) GIRARD, *Manuel*, p. 168-169 ; — MOMMSEN, *Etude sur Pline le
jeune*, p. 36-42 ; — *Droit public*, VI, 1, p. 42-43 ; — HENRY MICHEL,
Droit de cité romaine, p. 210-297 ; — PAULY-WISSOWA, *Real Encyclopaedie der classischen Alterthumswissenschaft*, I (2) Vᵒ *Adrogatio*.

(4) VAN HILLE, *De testamentis jure attico*, Amsterdam, 1898, p. 1 ; —
BRUNS, *Die Testamente der griechischen Philosophen* dans *Zeitschrift
der Savigny-Stiftung. Rom. Abth.* I, 1880, p. 6 et s. ; — SCHULIN,
Griechische Testament, p. 17-33 ; — E. CAILLEMER, *Le droit de tester à
Athènes* dans *Annuaire de l'association pour l'encouragement des études*

tardivement sur l'adoption entre vifs qui, longtemps sans
doute, a seule été autorisée. C'est du moins ce que semble
prouver la loi de Gortyne (1) qui ne réglemente que
l'adoption entre vifs et ignore encore l'adoption testamentaire, révélant, par là, le caractère relativement moderne de
la seconde (2). Les exemples d'adoptions testamentaires,
que relate la littérature romaine, ne constituent-ils pas les
dernières survivances d'un type d'acte juridique qui, à
Rome comme à Athènes, s'est intercalé dans l'ordre d'apparition historique des divers procédés de création factice
d'héritiers, entre l'adoption entre vifs et l'institution testamentaire ? Gans, et, à sa suite, un écrivain à qui l'histoire
du droit germanique est non moins familière que l'histoire
du droit romain, Sohm (3), l'ont pensé. Mais il n'y a là
qu'une hypothèse que l'extrême pauvreté des sources anciennes du droit romain ne permet pas de vérifier directement, et dont les conclusions actuelles de l'histoire comparative, trop flottantes dans le détail, tout en lui prêtant une
certaine vraisemblance, n'établissent pas indiscutablement
le bien fondé.

Sans suivre Gans, Schulin et Sohm dans l'identification
du prétendu testament des XII tables avec l'adoption ou
l'adrogation, conçues comme modes d'établissement de la
parenté ou de la puissance paternelle, — identification qui
a un caractère conjectural — l'historien du droit comparé
peut, dès aujourd'hui, affirmer comme un fait absolument

<hr>

grecques, 1870, p. 19-39 ; — P. GIDE et E. CAILLEMER, au mot *adoption* dans DAREMBERG et SAGLIO, I, 1, p. 76 ; — DARESTE, *Les plaidoyers civils de Démosthène*. Introduction, p. 31.

(1) BUECHELER et ZITELMANN, *Das Recht von Gortyn*, Francfort, 1883,
p. 161 ; — DARESTE, *La loi de Gortyne. Nouvelle revue historique de
droit*, X, 1886, p. 271-272.

(2) GUIRAUD, *La propriété foncière en Grèce*, Paris, 1893, p. 107
et s. ; — BEAUCHET, *Droit privé de la république athénienne*, II, p. 9 ;
III, 427-431 ; — MITTEIS, *Reichsrecht und Volksrecht*, p. 341.

(3) *Institutionen*, § 99, I ; — cf. encore GREIF, *Origine du testament*,
p. 60 et s.

certain que le procédé de création de successeurs universels
prévu, d'après la tradition romaine, dans les XII tables, n'a
qu'une parenté lointaine avec le testament tel que le décrivent les compilations de Justinien ; qu'il appartient au type
— répandu dans un grand nombre de coutumes primitives,
tantôt à côté, tantôt à la place de l'adoption proprement
dite — que la *lex Ribuaria* dénomme *adoptio in hereditatem* et dont les variétés les plus connues sont l'*affatomie*
franque et le *thinx* lombard. La preuve s'en trouve dans la
tradition romaine telle qu'elle se présente à nous. Elle ressort du tableau que les commentaires de Gaius fournissent
de la succession des formes du testament. Il est évident que
ce tableau a été obtenu par l'emploi d'une méthode bien
connue, que M. Esmein (1), qui en dénonce l'abus en matière de législation comparée, appelle la méthode de trans-
position. Cette méthode antiscientifique a été trop souvent
appliquée à l'histoire du droit. Elle consiste de la part du
juriste à identifier, avec les institutions nationales ou avec
les institutions du présent, les institutions étrangères ou les
institutions du passé qui réalisent des résultats à peu près
analogues, quoique par une technique juridique différente.
La similitude du but final poursuivi par le mode de disposition universelle des XII tables et par le testament de leur
temps a fait oublier aux prudents de l'époque classique la
diversité des procédés utilisés pour atteindre ce but commun.
Ils érigent en type primitif de testament une institution
archaïque qui, à Rome, comme partout ailleurs, a précédé
historiquement le testament et lui a frayé les voies ; à savoir,
le contrat successoral, ou, pour employer une expression
moins précise et plus compréhensive, l'établissement entre
vifs de la vocation héréditaire. Les deux séries de cérémonies énumérées, soit dans le § 101, soit dans le § 102 du
second commentaire de Gaius, deviennent inexplicables et
incohérentes quand on y voit les formes d'un testament. Il

(1) *Le droit comparé et l'enseignement du droit. Bulletin de la société de législation comparée*, 1900, p. 379.

y a alors une discordance criante entre la nature de l'opération juridique et les solennités qui l'entourent. Ces solennités, au contraire, s'adaptent parfaitement au contrat suc-.
cessoral; elles s'expliquent par la fonction même de cette
opération juridique. Il n'est pas un de leurs éléments qu'on
ne retrouve dans d'autres législations primitives, y figurant
dans le cérémonial de l'*adoptio in hereditatem* ou de l'institution entre vifs. Je ne crois pas possible qu'un historien
du droit comparé hésite un instant, pour peu qu'il prenne
soin de se reporter directement aux textes au lieu d'en
emprunter, sans contrôle, l'interprétation aux romanistes,
à déclarer avec Gans, avec Sohm, avec Schulin que les
actes du vieux droit romain, décrits par Gaius, n'ont été
qualifiés testaments que par l'effet d'une grossière méprise
des jurisconsultes classiques. Il y reconnaît, sans efforts,
tous les traits caractéristiques du type de dévolution successorale par la volonté du *de cujus* qui fleurit dans les
civilisations où le concept du testamentest encore inconnu.

Cela est déjà très visible en ce qui concerne l'institution
que Gaius, II, 101, présente comme la plus ancienne forme
de testament et qu'on a pris l'habitude d'appeler testament
calatis comitiis. Cette procédure est poursuivie devant le
collège des pontifes et devant les comices par curies (*comitia
calata*), réunis à cet effet deux jours seulement par an. La
détermination du rôle originaire des pontifes et de l'assemblée populaire a soulevé jadis de vives controverses, qu'on
peut considérer, me semble-t-il, comme définitivement tranchées. Tandis que Gans (1) et, avant lui, divers écrivains du
xviiiᵉ siècle, Thomasius, Heineccius, Trekell, assignaient
comme raison d'être à cette intervention un contrôle à exercer, une autorisation à donner, une opinion opposée (2) y

(1) *Loc. cit.*, II, p. 46.
(2) Opinion défendue avec énergie en 1821 par Dernburg l'ancien
et dont le dernier écho se retrouve dans les livres de HŒLDER, *Beiträge zur Geschichte des römischen Erbrechtes*, Erlangen, 1881, p. 40
et s., de KARLOWA, *Römische Rechtsgeschichte*, II, p. 847 et s., et de

voyait une assistance passive, un simple enregistrement de la volonté du disposant. C'est incontestablement la première de ces deux conceptions, la conception de Gans, qui prévaut à l'heure actuelle dans la science romanistique (1).

La thèse vieillie que défendent encore Hœlder et Karlowa ne résiste pas d'ailleurs à l'examen. Elle est impuissante à expliquer les effets du prétendu testament comitial qui dépassent ceux d'un acte privé. Et surtout elle méconnaît le rôle primitif des témoins instrumentaires. Dans les coutumes anciennes dont l'histoire pénètre le fonctionnement, le témoin n'occupe pas la place effacée où il est relégué dans nos civilisations modernes. C'est ainsi, notamment, que les témoins mis en scène par les innombrables chartes du haut Moyen Age chrétien ne sont pas des personnages muets, mais de véritables collaborateurs des acteurs principaux ; ils donnent conseil et approbation ou même autorisation à la partie qu'ils assistent, et s'engagent, tout au moins moralement, vis-à-vis du cocontractant, à veiller à l'accomplissement de la promesse faite ou au maintien du transfert réalisé ; ils se présentent en défenseurs et en protecteurs de l'opération juridique. Il est souvent difficile de les distinguer, soit des personnes dont l'intervention se justifie par l'existence à leur profit d'un droit d'opposition (parents, seigneurs, etc.), soit des pleiges ou des autres garants d'exécution. Ce phénomène n'est pas spécial aux coutumes germaniques ; on peut l'étudier dans bien d'autres sociétés analogues, et Jhering (2) en a suivi les manifestations dans l'antiquité romaine. Sans doute, les idées d'Jhe-

VOIGT, *Die XII Tafeln*, p. 171. Cf. encore GREIF, *Origine du testament romain*, p. 51 et s.

(1) Elle a recueilli l'adhésion en Allemagne de MOMMSEN, *Droit public*, tr. fr. VI, 1 p. 363-365 ; de JHERING, *Geist des römischen Rechts*, 8e éd., I, p. 145-148 et traduction Meulenaere, I, p. 147-150 ; de PERNICE, *Labeo*, I, p. 358 et *Formelle Gesetze im römischen Rechte* dans *Festgabe für R. von Gneist*, Berlin, 1888, p. 120 ; en France de GIRARD, *Manuel*, p. 780 et de CUQ, *Institutions juridiques*, p. 293-295.

(2) *Loc. cit.*, p. 140-150 et dans la traduction française, p. 142-152.

ring semblent quelque peu conjecturales quand on isole, comme il le fait dans ces pages, le très ancien droit romain de l'ensemble des systèmes juridiques correspondants. Mais elles prennent une très grande solidité à la lumière de l'histoire comparative. Cette simple constatation, que l'assemblée populaire est témoin d'un acte, autorise à conclure, étant donnée la conception antique de la fonction des témoins instrumentaires, qu'à l'origine le peuple a contrôlé cet acte, que son approbation a été sollicitée.

L'héritier institué dans les *comitia calata* puisait donc, primitivement, sa vocation successorale, non pas seulement, comme l'héritier testamentaire du droit classique, dans la volonté du *de cujus*, mais aussi, comme l'adrogé, dans la volonté collective des membres de la cité. Son titre consistait dans une décision des comices, corrigeant ou complétant en sa faveur, à la demande du *de cujus* et sur la proposition des pontifes, les règles habituelles de la succession *ab intestat*. Le testament comitial primitif, que l'on a parfois appelé aussi, accouplant des termes contradictoires, le testament législatif, n'a été que la mise en œuvre du pouvoir de concéder des dispenses individuelles d'observation du droit existant dont l'exercice par les assemblées populaires a préparé à Rome, et d'ailleurs dans maint autre milieu, l'apparition, à côté de la coutume, de formes supérieures et plus modernes de la norme juridique.

Voilà un trait — cette collaboration du disposant et de l'autorité publique — qui se rencontre très communément dans le cérémonial primitif de l'*adoptio in heredem* ou de l'institution contractuelle. Il existe — je me borne aux deux exemples les plus connus — soit dans l'affatomie franque dont le cérémonial se poursuivait, au temps de la rédaction de la loi salique, pendant deux sur trois de ses phases, devant l'assemblée judiciaire du peuple, *mallum indicatum,* puis *mallum legitimum ;* soit dans le *thinx* lombard, mais à une époque antérieure à l'édit de Rotharis. Là, encore, le concours du peuple paraît bien avoir eu un carac-

tère actif, avoir consisté à l'origine dans un octroi d'autorisation (1). Il est bien évident qu'à cette parenté de
formes entre le *thinx* et l'*affatomie* d'une part, et le prétendu
testament comitial, de l'autre, a dû correspondre une certaine communauté d'effets. Par cela seul que le disposant
était obligé d'obtenir, et cela de son vivant, l'approbation,
d'abord de l'autorité religieuse, puis de l'autorité politique,
il était impossible que sa volonté demeurât, conformément
à la définition classique du testament, ambulatoire jusqu'à
la mort. Il fallait qu'elle eût un caractère d'actualité.
Le testament *calatis comitiis*, selon l'expression usitée
dans nos formules d'affatomies et d'*ereditoriæ*, produisait
ses effets *a die præsenti*, du jour où les cérémonies en
avaient été accomplies. Il donnait à l'institué, non pas,
comme le véritable testament, un simple espoir de succession, mais un droit ferme à succéder.

La vocation héréditaire créée par la décision des comices
pouvait-elle être effacée, comme l'adoption entre vifs de la
loi de Gortyne (2), par le moyen d'une nouvelle procédure,
ou, au contraire, était-elle absolument irrévocable, comme
celle de l'*adoptatus in hereditatem* de la coutume germanique, au profit de qui l'énergie primitive du *Beispruchsrecht* des successibles s'est maintenue plus longtemps qu'au
profit des parents (3). Nous n'avons aucun renseignement
sur ce point. Mais, nous pouvons affirmer que, si le droit
de successibilité établi par le vote des comices était suscep-

(1) Voir pour l'affatomie, HEUSLER, *Institutionen*, II, p. 622 ; —
SCHRŒDER, *Lehrbuch* (3), p. 334 ; — pour le *thinx*. PERTILE, *Storia del
diritto italiano*, IV, 1893, p. 6 ; — SALVIOLI, *Manuale di storia del diritto italiano* (3), p. 454 ; — TAMASSIA, *Le alienazioni degli immobili e
gli eredi secondo gli antichi diritti germanici*, Milan, 1885, p. 223
et s. ; — SCHRŒDER, *Zeits. der Savigny-Stiftung. Germ. Abth.* 1886,
VII, p. 53 et s. ; — PAPPENHEIM, *Launegild und Garethinx*, p. 30 ; —
BESELER, *Die Lehre von den Erbverträgen*, I, p. 109.

(2) SCHULIN, *loc. cit.*, p. 36 ; — DARESTE, *Nouvelle revue historique*,
1886, p. 272 ; — MITTEIS, *Reichsrecht und Volksrecht*, p. 213-215.

(3) *Rotharis*, 173, rapproché de *Lex saxonum*, 62-64.

tible de révocation — ce qui est douteux, — la volonté du disposant ne suffisait pas pour le détruire. L'exhérédation de l'institué, en la supposant possible, devait exiger les mêmes concours que l'institution elle-même, le concours des pontifes et le concours du peuple. Pour défaire ce qu'une loi avait fait, il fallait une autre loi (1). Les droits successoraux de l'institué *in calatis comitiis* se modelaient sur ceux de l'*heres suus* ou s'en différenciaient fort peu. La théorie primitive de l'institution *in calatis comitiis* se rattache, non point à l'histoire de la succession testamentaire, mais à l'histoire de la succession contractuelle. ·

L'opinion la plus accréditée parmi les romanistes estime que c'est en vue de cette première opération juridique qu'a été formulé l'adage : *uti legassit*, etc., et admet, sur la foi de Pomponius (D. 50, 16, *de verb. sign.* 120), que cette disposition, attribuée à la législation des XII tables, a eu pour but de transformer en une pure formalité la soumission du testament aux *comitia calata*, de supprimer le contrôle effectif des pontifes et des comices, de remplacer les lois individuelles jusque-là édictées par le peuple, en connaissance de cause, après enquête des pontifes, par une loi générale habilitant désormais tous les chefs de famille à régler à leur fantaisie la dévolution héréditaire de leur patrimoine. Un régime qui n'admettait pas que la moindre modification pût être apportée, soit à la liste des successibles, soit aux effets naturels de la successibilité sans une permission spéciale de l'autorité, aurait brusquement fait place à une liberté illimitée de disposer en vue de la mort ne comportant aucun tempérament vraiment efficace. Jusqu'au milieu du ve siècle, les membres de la communauté domestique étaient à Rome, comme dans nos coutumes germaniques, et aussi comme en Grèce (2), d'après l'opi-

____

(1) GIRARD, *Manuel* (2), p. 785.

(2) CAILLEMER, *Le droit de succession légitime à Athènes*, Paris, Caen, 1870, p. 149 et s. ; en sens contraire, DARESTE, *Plaidoyers civils de Démosthène*, I, p. 29 et BEAUCHET, *loc. cit.*, III, p. 587.

nion la plus répandue et la plus solide, tout au moins en
ce qui concerne les périodes anciennes, doublement héritiers nécessaires du maître de maison, lui succédant, non
seulement malgré eux, mais malgré lui ; ne pouvant être
privés de leur vocation que par une décision de l'assemblée
populaire. Au milieu du v° siècle ils auraient subitement
cessé d'être héritiers nécessaires dans le second sens. Une
révolution brutale aurait conféré, dès ce moment, au *de
cujus*, la faculté de prendre, quel que fût l'état et la composition de sa famille, dans l'acte dit testament comitial,
toutes les mesures que le testament des temps classiques
s'est prêté à recevoir : institutions d'héritier, exhérédations,
legs, nominations de tuteur. Plus tard seulement le développement de la *quærela inofficiosi testamenti* aurait imposé des bornes à la toute-puissance du chef de famille.
Cette théorie courante est en parfaite harmonie avec les
données de la tradition romaine ; mais je n'ajouterai pas
avec les données de l'histoire comparative. Partout ailleurs,
— que le lecteur me fasse crédit ; il trouvera la justification
de mes affirmations dans l'un des chapitres de ce volume, —
là où la transition de la propriété familiale à la propriété
individuelle s'est opérée en dehors des temps légendaires, où
on la suit, non point au travers des traditions populaires,
mais à la lumière des documents historiques, on constate
que le droit de succession indélébile et le *Beispruchsrecht* de
l'héritier du sang ne se sont effacés que graduellement ;
qu'ils ont subi une série d'atteintes et de limitations avant
de s'éteindre après une lente décadence. On chercherait vainement, dans les milieux qui s'ouvrent à l'histoire, l'équivalent de l'étrange phénomène dont les Romains de l'époque
classique affirmaient l'existence. La transformation du régime successoral qui, d'après la tradition, se serait réalisée
à Rome en un jour, a mis, dans toutes les sociétés où nous
pouvons suivre l'évolution du droit, plusieurs siècles à s'accomplir. Aussi la théorie dominante a-t-elle trouvé quelques contradicteurs, même parmi les romanistes.

M. Cuq (1) a cru trouver dans l'analyse d'une des variantes qui nous sont parvenues de la règle *uti legassit...*, dans celle que donne Ulpien, *Reg. XI*, 14, *uti legassit super pecunia tutelave suæ rei*, variante qui ne mentionne que la tutelle et la *pecunia* sans parler de la *familia*, la preuve que l'innovation attribuée aux XII tables ne concernait que la *pecunia*, c'est-à-dire les *res nec mancipi*, objets de pleine propriété individuelle, à l'exclusion de la *familia*, des *res mancipi*, et tout particulièrement des immeubles, de l'*heredium*, biens appartenant à toute la communauté domestique, dont le chef de maison n'était que copropriétaire. Pour les biens de la famille, la loi des XII tables aurait laissé subsister le régime ancien. Le *de cujus* n'aurait toujours pu en disposer que sous le contrôle et avec l'autorisation des pontifes et de l'assemblée comitiale. Seul, le legs portant sur la *pecunia* aurait été autorisé une fois pour toutes dès le v° siècle. C'est seulement la jurisprudence postérieure qui, battant progressivement en brèche la copropriété de famille, aurait peu à peu étendu, par l'interprétation, la disposition des XII tables de la *pecunia*, seule visée primitivement, à la *familia*, et fait lentement bénéficier les institutions d'héritier et exhérédations du régime de liberté d'abord établi en faveur des legs de *res nec mancipi*. La tradition romaine fournirait là un nouvel exemple d'un phénomène dont j'ai suivi les manifestations dans toutes les législations précédemment passées en revue, et que nous pouvons observer encore à l'heure actuelle chez nous, la tendance du juriste à placer sous le couvert de l'autorité du législateur ou de la coutume antique les productions récentes de la pratique (2).

(1) *Recherches historiques sur le testament « per aes et libram ». Nouvelle revue historique*, X, 1886, p. 540 et s. ; — *Institutions juridiques*, p. 282 et s. ; 301 et s.

(2) Pour les objections adressées à cette théorie : dénégation d'une valeur technique à la distinction de la *familia* et de la *pecunia*, mention de la *familia* à côté de la *pecunia* dans la version du texte des XII tables donnée par Cicéron et la *Rhétorique à Heren-*

Déjà, en 1881, Schirmer (1) s'était engagé dans la même direction générale. Il s'est efforcé de démontrer que, dans le vieux droit romain, le *de cujus* ne pouvait pas tester en présence de *sui heredes* (2). Il a cru en trouver la preuve dans les textes de l'époque classique qui gardent encore le souvenir de la copropriété qui jadis existait, du vivant du chef de famille, entre lui et les *sui heredes* (3); dans la liste des successibles *ab intestat* attribuée aux XII tables (4), qui commence par le *proximus adgnatus*, présupposant la vocation des *sui heredes*, comme le titre *de alode* de la loi salique présuppose la vocation des *filii*, et parait admettre que l'héritier *sien* n'acquiert pas un droit nouveau à la mort du chef de maison, mais, selon le mot de Paul, continue une propriété antérieure avec une liberté d'administration qui lui faisait jusque-là défaut; dans l'exclusion de l'*usucapio pro herede* en présence d'héritiers nécessaires (5); dans la doctrine des Sabiniens sur la nullité de l'*in jure cessio hereditatis* passée par le *suus*, dont le titre était à l'origine autre chose et plus qu'un droit de succession; dans la maxime *posthumi agnatione testamentum rumpitur*, qui, comme la règle correspondante de la coutume lombarde (6), n'a d'abord été qu'une conséquence ou un complé-

nius; règle *institutio heredis est caput et fundamentum testamenti*. GIRARD, *Manuel* (2), p. 782, note 3.

(1) *Das Familienvermögen und die Entwickelung des Notherbrechts bei den Römern : Zeits. der Savigny-Stiftung. Rom. Abth.*, II, p. 163-180.

(2) M. Cuq, *Institutions juridiques*, p. 286 et 538, reprend sous une forme un peu différente l'idée de Schirmer. Il constate que le testament n'a été, en fait, usité, pendant les premiers siècles, que pour le cas où le testateur n'avait pas d'héritier sien; que, dans les plus anciens exemples que nous ayons de testaments émanés d'un père de famille on suppose toujours que celui-ci a cru ses enfants prédécédés.

(3) *Gaius*, II, 157; D. 28, 2, *de liberis et posthumis*, 11.

(4) V, 4.

(5) *Gaius*, II, 58; exclusion dont la raison d'être est éclairée par la comparaison du droit grec. *Démosthène, contre Leochares*, DARESTE, *Plaidoyers*, II, p. 80; GREIF, *Origine du testament romain*, p. 29.

(6) *Rotharis*, 171, *Liutprand*, 65.

ment fort naturel du refus de la faculté de se créer des héritiers de son choix à l'individu qui a des *sui heredes* (1).

Schirmer tire argument dans le même sens de l'organisation primitive de la substitution pupillaire. La substitution pupillaire n'a d'abord été qu'une variété de la substitution ordinaire et n'a porté que sur le patrimoine du père et non sur celui de l'enfant. Par cet acte, le *de cujus*, dont le fils était impubère, craignant que ce fils ne mourût *ante pubertatem*, se choisissait subsidiairement un autre héritier en vue de cette hypothèse. Il désignait un institué en sous-ordre, pour recueillir sa succession au cas où le descendant en puissance mourrait, soit avant lui, soit après lui, mais avant d'avoir acquis l'aptitude à disposer de sa fortune. Dans l'une et l'autre des deux éventualités d'ordinaire prévues simultanément (2), la disposition produisait les mêmes effets généraux. Il est fort vraisemblable que dans la seconde hypothèse, décès *ante pubertatem*, tout se passait théoriquement comme si le fils n'avait pas survécu au père ; que le fils était considéré, s'il ne parvenait pas à la puberté, comme n'ayant jamais recueilli la succession (3), et que, par conséquent, la substitution pupillaire du très ancien droit faisait, dans tous les cas, du gratifié un héritier direct du disposant (4). Pourquoi une théorie spéciale de la substitution pupillaire qui, sous ce premier aspect, paraît pourtant n'être qu'une mise en œuvre du droit commun des substitutions (5), sinon pour apporter une dérogation très équitable à l'interdiction de disposer de l'uni-

(1) Cf. aussi le vieux droit de Lübeck où la rupture du testament par survenance d'enfants s'expliquait par la réquisition du consentement des héritiers pour la validité du testament portant sur des immeubles. Stobbe, *Handbuch*, V, p. 214, note 30 ; — Pauli, *Abhandlungen aus dem lübischen Rechte*, III, p. 243.

(2) *Gaius*, II, 179.

(3) D. 28, 6 *de vulg. et pup. subs.* 33.

(4) Cf. Girard, *Manuel* (2), p. 809-811 ; — Karlowa, *Römische Rechtsgeschichte*, II, p. 875-878.

(5) Girard, *Manuel*, p. 810.

versalité de la succession au préjudice des *sui heredes*?

Cette partie de l'argumentation de Schirmer peut être fortifiée par la comparaison du droit grec. Nous trouvons à Athènes l'équivalent exact de la substitution pupillaire primitive dans un usage attesté par l'un des plaidoyers de Démosthène (1). Quand le testateur ne laissait à sa mort que des enfants mineurs, le sort de sa succession restait en suspens pendant la durée de la minorité. Le testament était finalement dépourvu d'efficacité, tout au moins en tant qu'il contenait une adoption testamentaire, quand les enfants ou l'un d'eux atteignaient l'âge de 18 ans ; dans l'hypothèse opposée, quand tous décédaient avant cet âge, le testament recevait sa pleine exécution, absolument comme si le père de famille était mort sans enfants (2). A peine peut-on signaler une différence de détail entre les deux procédures : l'institution formelle des enfants comme préliminaire de la disposition au profit du tiers qui, négligée à Athènes, était pratiquée par les Romains de l'époque classique. Mais, sans doute, cet élément accessoire ne s'est-il introduit que tardivement dans la théorie romaine, comme une retouche se rattachant au développement de l'usage des exhérédations (3). En tous cas, ce n'est là qu'un trait secondaire. Il y a une frappante similitude — je dirais volontiers une identité — de mécanisme technique et de fonction économique entre l'opération du vieux droit romain et celle du droit athénien. Il n'est pas douteux que la seconde n'ait eu pour but de tempérer le

(1) *Contre Stephanos*, II, 24.

(2) E. Caillemer, *Le droit de tester à Athènes*, p. 31-32 ; — Dareste, Haussoullier et Reinach, *Recueil des inscriptions juridiques grecques*, 2º série, 1er fascicule, p. 65, p. 71 ; — Schulin, *loc. cit.*, p. 15.

(3) Argument de *Gaius*, II, 182 et surtout d'un texte généralement invoqué, à tort, à mon avis, en sens opposé : D. 28.6 de *vulg. et pup. subs.* 33, qui attribue à Aquilius Gallus la propagation des clauses d'institution conditionnelle des *sui heredes* pour le cas où ils arriveront à la majorité, clauses qui précédaient la formule de la substitution pupillaire.

principe — dont la portée a soulevé des discussions et a
sans doute varié selon les temps, mais dont l'existence
même est indiscutable, — qui refusait au père de famille
la faculté de détruire ou de paralyser la vocation héréditaire de ses enfants. La substitution pupillaire romaine a
dû avoir la même raison d'être originaire. Elle s'est présentée d'abord comme la contre-partie naturelle de la
règle *posthumi agnatione testamentum rumpitur*. De
même que la survenance d'un héritier sien brisait les dispositions formulées par un citoyen romain *in calatis comitiis* au temps où il ne lui restait aucun enfant en puissance, de même le prédécès des *sui heredes*, ou leur mort
ante pubertatem, avant l'époque où ils pouvaient vraiment
faire eux-mêmes acte de maîtres sur l'hérédité (1), dé-
truisait l'obstacle qui empêchait l'efficacité de l'institution
comitiale. Ces deux théories du droit classique, rupture
du testament par survenance d'héritier sien, substitution
pupillaire, ne sont visiblement que des conséquences du
droit indélébile de successibilité conféré jadis aux *sui
heredes*, conséquences qui ont survécu à leur cause primitive en se transformant d'ailleurs, parce qu'elles ont reçu
de nouvelles utilisations.

Enfin, Schirmer invoque encore le caractère primitif de
l'exhérédation, disposition de nature pénale, que Paul
rapproche du droit de vie et de mort (2), en opposition
avec l'esprit même de la copropriété de famille, tendant
à en détruire les effets, dont, par conséquent, l'apparition
doit se rattacher à la phase de décadence de la communauté de famille, et dont Cicéron (3) semble attester l'origine relativement récente. Cicéron rappelle un procès qu'il

(1) C'est la même idée de l'inaptitude du mineur à posséder per-
sonnellement et à faire valoir ses droits qui se retrouve à la base
de la théorie germanique de la tutelle, ou du bail féodal, et sans
doute aussi de la tutelle romaine primitive.

(2) D. 28, 2 *de lib. et pos.* 11.

(3) *De oratore*, I, XXXVIII et LVII.

a vu juger autrefois. Sur la fausse nouvelle de la mort de
son fils, un père avait institué un étranger héritier. Le fils
attaqua le testament dans lequel il n'avait été ni institué,
ni exhérédé *nominatim*. D'après Cicéron, dans une pareille cause, les avocats ne pouvaient faire valoir que des
motifs de raison ou d'équité ; c'est en vain qu'ils auraient
cherché des arguments dans le droit civil et dans les textes
de la loi des XII tables. Manifestement l'orateur latin part
de l'idée que la loi des XII tables est étrangère à ces problèmes d'exhérédation. Vainement Hœlder (1) s'efforce
d'infirmer la portée de ce témoignage en insistant sur la
mention du mot *nominatim* dans la dernière ligne du
chap. xxxviii. La loi des XII tables, d'après Cicéron, serait
muette, non pas sur la nécessité de l'exhérédation en général, mais seulement sur la question de savoir si elle doit
être faite *nominatim* ou *inter ceteros*. C'est seulement ce
point particulier qui serait encore resté indécis dans la
pratique du temps de Cicéron. Mais l'explication de Hœlder
est inconciliable avec l'ensemble du chapitre LVII où l'orateur latin affirme que ni l'un ni l'autre des avocats, pas
plus le défenseur de l'héritier institué que le représentant
du fils omis, ne pouvait invoquer à l'appui de sa thèse les
dispositions précises du droit civil, affirmation qui serait
incompréhensible, en ce qui concerne l'avocat de l'institué, si la loi des XII tables avait été considérée déjà
comme consacrant le principe de la légitimité des exhérédations. Les écrivains qui acceptent l'interprétation donnée
par Hœlder aux deux chapitres du *de oratore* sont, tout au
moins, obligés de confesser qu'à la fin de la république
quelques-uns des traits essentiels de la théorie définitive
de l'exhérédation — et notamment la détermination des
cas où l'exhérédation était possible en bloc et de ceux où
elle était requise *nominatim* — n'étaient point encore
fixés dans la doctrine (2), ce qui est inconciliable avec

---

(1) *Beiträge zur Geschichte des römischen Erbrechtes*, p. 106 et s.
(2) GIRARD, *Manuel* (2), p. 830, note 2.

l'attribution à cette institution d'une antiquité illimitée.

A l'aide de ces divers indices, Schirmer croit pouvoir reconstituer le sens primitif de la règle *uti legassit*. Il s'attache de préférence à la version suivie par Gaius (1), Pomponius (2), et les Instituts (3) : *uti legassit suæ rei, ita jus esto.* Les XII tables n'auraient accordé au *de cujus* la liberté de disposition, la dispense du contrôle des pontifes et de l'assemblée, que relativement à la *res sua,* c'est-à-dire à sa fortune personnelle, mais non point en ce qui concerne les biens de là communauté domestique administrée par lui. Elles n'auraient par conséquent concédé l'autorisation de formuler librement des institutions d'héritier qu'au citoyen qui, n'ayant que des parents établis à part, vivant à des foyers distincts, possédait sur le patrimoine dont la mort allait le dessaisir, une propriété absolue — ou limitée seulement par la copropriété aux manifestations très atténuées des agnats ou des *gentilices* —; mais non point à celui qui gérait une fortune possédée en commun avec les *sui heredes.* Cette distinction cadre fort bien avec la disposition des XII tables (4) qui formule le principe de la succession *ab intestat* : *Si intestato moritur, cui suus heres nec escit, adgnatus proximus familiam habeto.* La subsidiarité de la succession légitime, la possibilité de l'exclure par un testament ne sont indiquées que pour le cas d'absence des *sui heredes* (5). C'est seulement en vue de cette hypothèse que les effets de la mort intestat sont prévus. Ce qui s'explique très bien si l'on admet que l'institution *in calatis comitiis* n'était pas plus possible dans le vieux droit romain, tant qu'il existait des *sui heredes,* que le *thinx* dans la coutume lombarde en présence

(1) II, 224.
(2) D. 50, 16, *de verb. sign.* 120.
(3) II, 22, pr.
(4) V, 4.
(5) Cf. pour l'analyse de quelques textes qui paraissent différencier assez profondément dans leur nature le droit des *sui heredes* et celui des agnats. Cuq, *Institutions,* p. 290 et s.

de fils (1), ou l'affatomie dans la coutume ripuaire en face d'enfants (2). Ainsi comprise, la disposition de la loi des XII tables (3) définit avec autant d'exactitude que de concision un système de répartition des héritiers en trois classes : 1° héritiers nécessaires que le *de cujus* ne peut en principe exclure ; 2° héritiers testamentaires (ou contractuels) dont la vocation est subordonnée à l'inexistence de tout successible de la première catégorie ; 3° héritiers légaux ou ab intestat qui ne sont appelés que sous une double condition : absence d'institution testamentaire (ou contractuelle) et défaut d'héritiers nécessaires : *si intestato moritur cui suus heres nec escit* ; — système dont l'histoire comparative nous fait connaître de nombreuses applications. C'est ainsi — pour m'en tenir à deux exemples qui me paraissent caractéristiques — qu'on retrouve ce mode de classification dans l'antiquité, à Athènes (4) ; de nos jours, dans les systèmes juridiques arriérés de quelques cantons suisses, surtout à Berne (5) (ancien canton). Ne croirait-on pas lire une paraphrase ou un commentaire du bref adage des XII tables, — abstraction faite des difficultés que peut soulever l'intervention de la règle *nemo partim testatus*, ou l'option à opérer entre le concept du testament et celui de l'institution contractuelle — en parcourant le texte verbeux de l'article 618 du Code civil bernois ? Je le traduis à peu près littéralement : « Quand le *de cujus* n'a

---

(1) *Roth* , 170-171.

(2) *Lex Ribuaria* XLVIII.

(3) V, 4.

(4) Bunsen, *De jure hereditario Atheniensium*, 1821, p. 74 ; — Schulin, *Griechische Testament*, p. 15-17 ; — E. Caillemer, *Le droit de tester à Athènes*, p. 27-37 ; — Mitteis, *Reichsrecht und Volksrecht*, p. 332-330 ; — Van Hille, *De testamentis jure attico*, p. 18, 28 ; — Beauchet, *loc. cit.*, III, p. 674-682 ; — cf. pour l'Inde moderne : Sumner-Maine, *L'ancien droit*, p. 187.

(5) Kœnig, *Bernische Civil-und Civilprozessgesetze*, III, 1883-84, p. 218 ; — Schlatter, *Neuer Rechtskalender der schweizerischen Eidgenossenschaft*, 1893, p. 53 ; — Lardy, *Législations civiles des cantons suisses*, p. 75.

ni laissé d'héritiers nécessaires, ni disposé valablement par un testament de l'universalité de sa succession, ou quand sa disposition pour une cause quelconque ne reçoit point exécution, il y a lieu à la dévolution légale (*gesetz-liche Erbfolge*) de l'universalité de sa succession ou de la partie de cette universalité dont il n'a point disposé, ou pour laquelle sa disposition n'a pas reçu exécution ».

C'est seulement une évolution juridique bien postérieure aux XII tables qui, détruisant ou énervant la copropriété familiale, a développé l'usage de l'exhérédation et rendu ainsi l'emploi de l'ancien mode de disposition *in universum jus* accessible à ceux-là même des citoyens qui avaient des *sui heredes*. La législation des XII tables aurait d'ailleurs semé elle-même le germe lointain de cette transformation dans sa disposition sur la mancipation (1) : *cum nexum faciet mancipiumque uti lingua nuncupassit, ita jus esto*, qui, d'après Schirmer, aurait eu pour but d'écarter le droit d'opposition des *sui heredes*, leur *Beispruchsrecht*, à l'égard des aliénations entre vifs immédiates et aurait ainsi permis pour l'avenir la formation du premier instrument que la pratique utilisera pour tourner la prohibition primitive de l'exclusion des héritiers siens (2).

Il faut, sans doute, renoncer à l'espoir de jamais dégager avec une pleine certitude de la tradition populaire romaine, dont l'invraisemblance est si criante, dont l'allure naïve et gauche est celle de la légende, les vérités historiques qu'elle recèle et déguise. Il en est de l'institution *in calatis comitiis* romaine comme de sa proche parente, l'affatomie de la loi salienne. Le cérémonial seul nous en a été conservé. L'histoire ne nous renseigne pas directement sur le cercle d'application de ces actes, sur les cas dans lesquels l'emploi en a été autorisé. Mais, de même que le titre XLVI de la loi

(1) VI, 1.
(2) Pour l'analyse des objections, généralement très fragiles, qui ont été adressées à la thèse de Schirmer : HOELDER, *Das Familienrecht des suus heres. Savigny-Stiftung. Rom. Abth.* III, 1882, p. 211-219.

salique s'éclaire par le rapprochement, soit du droit lombard et surtout ripuaire, soit des formules rédigées quelques siècles plus tard à l'usage des hommes de race salienne, de même l'obscurité, qui enveloppe l'antique institution dite testament comitial, peut sinon être dissipée complètement, être rendue moins épaisse, par l'étude de certaines théories du droit classique et surtout des institutions similaires d'autres civilisations. Et cette clarté projetée du dehors est déjà suffisante pour nous permettre d'affirmer sans aucune témérité que, en ce qui concerne le problème de la portée primitive de la règle *uti legassit,* les opinions dissidentes s'approchent certainement beaucoup plus près de la réalité que l'opinion qui, à l'heure présente, domine dans la science romanistique. J'ajoute que, si on applique au droit romain les méthodes actuellement usitées dans les autres branches de l'histoire du droit, pour la reconstitution de la préhistoire, principalement la méthode comparative et la méthode des survivances combinées, et celles-là seulement, la théorie de Schirmer nous apparaît, non pas comme l'expression fidèle de la vérité historique — en l'absence de sources historiques proprement dites, nous devons renoncer à atteindre la certitude — mais comme la plus vraisemblable des hypothèses.

Si la plupart des traits de la physionomie de l'institution *calatis comitiis* ne peuvent être reconstitués que par conjecture, il en est un cependant qui ressort en pleine lumière, et, en l'analysant, je rentre maintenant sur le terrain solide de l'histoire. La règle *uti legassit* n'a incontestablement point été destinée à l'origine à consacrer le concept classique de l'acte à cause de mort. La réforme attribuée aux XII tables a consisté uniquement, d'après les romanistes les plus autorisés (1), à supprimer l'enquête des pontifes et le vote effectif du peuple. Elle a laissé subsister tous les autres éléments de la procédure antique. Pas plus que l'évo-

____

(1) Girard. *Manuel* (2), p. 782 ; Pernice, *Festgabe für Gneist,* p. 129.

lution similaire de la coutume franque ou de la coutume lombarde qui a substitué d'abord, en matière d'*affatomie* et de *thinx*, à la juridiction contentieuse de l'assemblée, une juridiction gracieuse, et qui, finalement, a même éliminé la nécessité de l'intervention de cette assemblée, le mouvement de la pratique romaine, dont le souvenir s'est perpétué dans l'adage *uti legassit*, n'a eu pour effet de transformer l'opération juridique qui, jusque-là, avait établi immédiatement une vocation successorale ferme, en un simple testament. Les formes du prétendu testament comitial sont demeurées celles d'un acte entre vifs. L'exigence d'une déclaration solennelle devant les comices n'a pas cessé d'être inconciliable avec la conception d'une volonté ambulatoire jusqu'à la mort, se maintenant à l'état de simple projet. La réforme a pu faciliter au disposant l'exhérédation de l'institué. L'acte destiné à éteindre la vocation du gratifié — s'il existait — a pu bénéficier, en vertu de la symétrie habituelle des modes d'établissement et des modes d'extinction du droit, de la simplification dans le cérémonial de l'acte destiné à créer cette vocation. Mais la procédure même de l'institution *in comitiis* était incompatible avec l'absence d'effets immédiats ; elle ne pouvait pas ne pas engendrer un droit actuel de successibilité.

L'obligation imposée au disposant de se rendre à l'une des réunions annuelles de l'assemblée populaire, pour y déclarer ses volontés, produisait inévitablement, mais avec plus de brutalité et d'énergie, les résultats que l'on a cherché à atteindre dans d'autres milieux, déjà plus avancés, en subordonnant la validité des dispositions de dernière volonté à la condition, soit qu'elles aient été prises avant la dernière maladie ou dans un certain délai avant le décès, par exemple, dans un délai de quarante jours, soit que leur auteur ait été en état, au moment où il les formulait, de sortir de sa chambre sans bâton et sans appui et de se rendre devant la porte de sa maison ou d'accomplir d'autres formalités attestant qu'il n'était pas cloué au lit de mort. Ces règles se rencontrent dans un très grand nombre de coutumes du Moyen Age(1), dans le droit talmudique(2), chez diverses peuplades arriérées d'aujourd'hui (3), et elles ont laissé, de nos jours, de très importantes survivances dans le droit musulman (4), dans diverses législations suisses, et même dans l'une des plus raffinées d'entre elles, le Code civil de Zurich, art. 982. Ces règles paraissent bien avoir été, — cela est difficilement contestable pour les coutumes médiévales — l'atténuation d'un principe plus rigoureux, que j'étudierai en recherchant les origines de la théorie moderne du testament judiciaire, principe obligeant le *de cujus* à soumettre ses dispositions de dernière volonté au tribunal qui les approuvait ou les rejetait, après avoir invité les héritiers du sang à présenter leurs objections (5).

L'histoire du droit suisse surtout met en relief le lien de filiation qui existe entre la pratique primitive de l'homologation judiciaire ou législative des dispositions d'hérédité

(1) On en a surtout signalé l'existence en Suisse, en Allemagne, en Autriche, — voir la riche bibliographie rassemblée par Stobbe, *Handbuch*, V, § 301, 8, p. 204 et s. ; — cf. en ce qui concerne l'Angleterre et les dispositions portant sur la *real property* : Pollock and Maitland, *History of english law*, II, p. 327.

(2) *Baba Bathra*, f. 153 (a) ; — Bloch, *Das mosaisch-talmudische Erbrecht*, p. 49-57, surtout p. 56 ; — Gans, *loc. cit.*, I, p. 172. — Rapaport, *Zeits. für verg. R. w.*, p. 120-124.

(3) Post, *Grundriss*, II, p. 202 ; — Hanoteau et Letourneux, *La Kabylie et les coutumes kabyles*, II, p. 316, 328.

(4) Sachau, *Muhammedanisches Recht nach schafiitischer Lehre*, p. 228 et s. ; — *Muhammedanisches Erbrecht nach der Lehre der ibaditischen Araber*, p. 49-52 du tirage à part ; — Kohler, *Zeitschrift für verg. R. w.*, XII, p. 60-71 ; — Zeys, *Droit musulman algérien*, II, p. 183 ; — Adda et Ghalioungni, *Le wakf ou immobilisation*, 2ᵉ p., p. 9.— Querry, *Droit musulman*, I. p. 635-638 ; — *Minhâdj at Talibin* (Van den Berg), II, p. 266.

(5) Huber, *System und Geschichte*, IV, § 144, p. 609-614 ; — Stobbe, *loc. cit.* ; — Von Wyss. *Die letzwilligen Verfügungen nach schweizerischen Rechten* dans *Zeitschrift für schweizerisches Recht*, ancienne série, XIX, p. 68 et s.

et la proscription des libéralités au lit de mort. La seconde de ces mesures a eu pour but de faire survivre à la disparition de la première l'un de ses effets naturels, de maintenir, après la suppression du contrôle, d'abord effectif, puis nominal de l'autorité publique, la ligne de démarcation infranchissable que ce contrôle avait jusque-là établi entre les modes de création entre vifs du droit successoral, seuls permis, et le testament proprement dit, acte condamné à une complète inefficacité. La raison d'être et le fonctionnement de l'institution *in calatis comitiis* romaine ne sauraient être mieux éclairés que par la comparaison des coutumes suisses qui ont si longtemps continué, dont quelques-unes, les coutumes d'Unterwalden (1), par exemple, continuent encore à consacrer le testament judiciaire au sens primitif du mot, c'est-à-dire l'homologation des dispositions de dernière volonté par l'autorité publique après consultation préalable des intéressés (2). A quelque point de vue qu'on se place ; que l'on se cantonne dans l'analyse du cérémonial décrit par les juristes classiques ou que l'on fasse appel aux lumières de l'histoire comparative, la même conclusion s'impose : l'institution *in calatis comitiis* ne restait pas, comme le testament classique, à l'état de projet jusqu'à la mort du testateur : elle contenait une disposition immédiate de l'hérédité. Elle investissait l'institué d'une sorte de copropriété sur le patrimoine de l'instituant qui, au même titre que le *codominium* de l'héritier du sang, devait exclure la nécessité d'une adition d'hérédité pour l'acquisition de la succession. Il en a certainement été de même du testament *in procinctu*, simple succédané du testament comitial, poursuivant le même but économique, et qui, par conséquent, appartient toujours à la même catégorie générale que l'acte qui lui a servi de modèle, à la classe des *adoptiones in hereditatem.*

(1) LANDY, p. 203, 275 ; — SCHLATTER, p. 100.
(2) Cf. cependant le curieux rapprochement offert par l'ancien droit arménien : KOHLER, *Zeits. für verg. R. w.*, VII, p. 421.

Bien après le temps des XII tables, quelle que soit la date qu'on leur assigne, le droit romain est demeuré dans la phase habituelle, de l'évolution du régime successoral que j'appellerai, *brevitatis causa*, la phase de la succession contractuelle et qui se caractérise par la nature uniforme d'opérations entre vifs qu'y revêtent tous les procédés employés pour corriger l'ordre ou les effets de la succession légitime. Une nouvelle preuve nous en serait fournie, s'il en était besoin, par le tableau de l'ordre d'apparition historique des prétendues variétés du testament que trace Gaius. Au troisième rang y figure, immédiatement après le testament comitial et le testament *in procinctu*, la *mancipatio familiæ*. La modernité relative que Gaius attribue à ce type de disposition par rapport aux deux précédents est des plus vraisemblable. Le cérémonial qui nous en a été conservé met, en effet, en œuvre, non sans la dénaturer, une des règles contenues, d'après la tradition, dans les XII tables, le texte relatif à la mancipation, celui qui, selon l'opinion dominante (1), fait disparaître la nécessité de la pesée effective ou consacre officiellement cette disparition ; qui, selon Schirmer, éteint le *Beispruchsrecht* des héritiers à l'égard des aliénations entre vifs ordinaires. La *mancipatio familiæ*, du moins sous la forme où nous la connaissons, est donc d'origine plus récente que l'ensemble des institutions réglementées dans les XII tables. Et pourtant ce nouveau mode de disposition en vue de la mort est encore organisé sur le type du contrat successoral. La description qu'en donne Gaius (2) est suffisamment claire : *Accessit deinde tertium genus testamenti quod per æs et libram agitur. Qui neque calatis comitiis neque in procinctu testamentum fecerat, is, si subita morte arguebatur, amico familiam suam, id est patrimonium suum, mancipio dabat, eumque rogabat quid cuique post mortem suam dari*

(1) GIRARD, *Manuel* (2), p. 280.
(2) II, 102 et 103.

vellet. Quod testamentum dicitur per æs et libram, scilicet quia per mancipationem peragitur... Namque olim familiæ emptor, id est qui a testatore familiam accipiebat mancipio, heredis locum obtinebat et ob id ei mandabat testator, quid cuique post mortem suam dari vellet (1)... L'individu qui désire disposer de ses biens pour le jour de sa mort et qui, pour une cause ou pour une autre, — Gaius nous en indique une, l'impossibilité d'attendre la réunion des comices — ne peut pas ou ne veut pas recourir à l'institution *in comitiis* ou *in procintu*, aliène immédiatement de son vivant, par une mancipation, son patrimoine au profit d'un homme de confiance, qui, en fait, le laissera jouir de sa fortune sa vie durant, mais qui n'en est pas moins devenu propriétaire. Le disposant indique à ce compère ses dernières volontés et le charge de les exécuter. L'*emptor familiæ* retransfèrera, après la mort de l'auteur de la mancipation, les biens qui lui ont été confiés aux personnes que le *de cujus* avait, en réalité, voulu en investir.

L'emploi de cet intermédiaire permettait de concilier, d'une part, le désir du disposant, de retarder jusqu'à son décès la dévolution de ses biens aux successeurs choisis par lui, et, d'autre part, le respect du principe traditionnel qu'une déclaration de volonté ne suffit pas pour opérer le transfert de la propriété d'une tête sur une autre ; qu'il faut recourir à l'un des actes spécialement destinés à cet usage. Il était certainement entendu entre les parties, avant l'accomplissement des formalités de la mancipation, que les droits qui en naîtraient naturellement ne seraient point invoqués par l'acheteur tant que vivrait le vendeur. La *mancipatio familiæ* n'avait d'autre raison d'être que de conférer à l'*emptor* l'aptitude à accomplir, après la mort du disposant, les mancipations et les traditions sérieuses et définitives que ce dernier ne s'était pas résigné à opérer de son vivant et qui, pourtant, étaient indispensables pour faire passer aux véritables destinataires la propriété des biens objets de la

(1) Cf. ULPIEN, XX, 2, 3, 13.

libéralité. La *mancipatio familiæ* ne calquait que très imparfaitement les effets de la disposition *in comitiis;* elle
ne contenait pas d'institution d'héritier proprement dite;
peut-être aussi ne portait-elle, comme jadis la *devise* anglaise, que sur le patrimoine du *de cujus* dans l'état où il
se trouvait au moment où la disposition avait été formulée,
sans s'étendre aux biens acquis postérieurement (1). Mais
elle présentait à d'autres points de vue de très réelles supé-
riorités. Celle qu'indique Gaius n'est pas la seule. Je croirais
volontiers, avec Schirmer, qu'elle a servi, sinon dès le début, du moins d'assez bonne heure, à tourner ou à paralyser
le droit de succession nécessaire des *sui heredes.*

En tous cas le développement de la *mancipatio familiæ*
a entraîné un adoucissement notable dans l'énergie primitive de l'irrévocabilité des contrats successoraux. Je sais
bien que je me heurte ici à l'opinion de la presqu'unanimité
des romanistes qui affirment, au contraire, que les dispositions réalisées par la voie de la *mancipatio familiæ*
échappaient beaucoup plus complètement aux risques de
revirements de la volonté de leur auteur que celles qui étaient
formulées *in calatis comitiis.* Mais cette affirmation ne
résiste point à l'analyse. Tant que l'homologation législative n'a été délivrée qu'après contrôle et discussion, la
volonté isolée du disposant est demeurée impuissante à
effacer des droits établis par le vote des comices. L'innovation exprimée par la règle *uti legassit,* en lui donnant
même l'interprétation la plus extensive — interprétation
possible, mais non pas absolument certaine — a tout au

<hr>

(1) Pour l'analyse de la structure juridique de cette théorie : Cuq,
Nouvelle revue historique, X, 1886, p. 533-586 ; — Hœlder, *Beiträge
zur Geschichte des römischen Erbrechtes,* p. 49-71 ; — Salkowski,
Zu Gaius, II, § 104 dans *Zeitschrift der Savigny-Stiftung. Rom. Abth.*
1882, III, p. 197-211 ; — Voigt, *Römische Rechtsgeschichte,* I, p. 74-83
et 823 et s. ; — Carle, *Le origini del diritto romano,* p. 508-513 ; —
Sumner-Maine, *L'ancien droit* (Courcelle-Seneuil), p. 193-200 ; —
Muirhead, *Droit privé* (Boucart), p. 215-222.

plus fixé deux jours par an dans lesquels il était permis aux citoyens de supprimer les mesures qu'ils avaient antérieurement prises à l'égard de leur hérédité. C'était en vain que l'instituant se repentait, s'il venait à mourir avant la prochaine tenue des *comitia calata*, ou si, à ce moment, il n'était plus en état de se lever et d'assister à l'assemblée. Par le recours à la *mancipatio familiæ* le disposant a pu se réserver une beaucoup plus large faculté de repentir. Ce qu'une mancipation avait fait, une autre mancipation pouvait le défaire. Or, le *familiæ emptor* ne figurant pas au nombre des véritables bénéficiaires de l'acte, n'étant qu'un intermédiaire, n'avait aucun intérêt à se refuser à la retranslation qui lui était demandée, et aurait commis un acte d'indélicatesse, une violation de la bonne foi en ne se prêtant point au rôle nouveau qui lui incombait dans la seconde mancipation. Les changements de volonté devenaient possibles à toute époque et n'étaient plus entourés d'une publicité aussi dangereuse que celle qui résultait des déclarations dans l'assemblée publique.

Nous sommes encore loin assurément de la révocabilité *ad nutum* de l'acte à cause de mort classique. Mais la comparaison du régime antérieur devait rendre déjà très précieuse cette révocabilité artificielle et imparfaite. A ce point de vue, la *mancipatio familiæ* a ménagé la transition des adoptions comme héritier et du contrat successoral ordinaire (*Erbvertrag*) au testament proprement dit. Tel a été d'ailleurs partout le rôle joué par les opérations juridiques appartenant à la même famille.

Il ne faudrait pas croire, en effet, que la *mancipatio familiæ* soit une création entièrement originale de la pensée romaine. On en retrouve l'équivalent dans presque toutes les civilisations dont l'histoire nous est suffisamment connue. On l'a souvent rapprochée de l'affatomie salienne(1).

---

(1) Dareste, *Etudes d'histoire du droit*, p. 406 ; — Beseler, *Erbverträge* II, p. 84-101 ; — Salvioli, *Storia del diritto italiano* (3), p. 366 ;

Le titre XLVI de la loi salique exige cumulativement, pour la validité des dispositions d'hérédité, l'homologation par l'assemblée judiciaire, comme dans l'institution *calatis comitiis*, et l'emploi d'un intermédiaire de transmission, comme dans la *mancipatio familiæ*. M. Viollet (1) a émis incidemment l'idée, mais à titre de simple conjecture, que le cérémonial du testament comitial comportait déjà, en même temps qu'un contrôle du peuple, une aliénation immédiate au profit d'un homme de confiance chargé de l'exécution des volontés du disposant. Il existerait, dès lors, non plus une simple parenté, mais une quasi-identité entre les formes de l'institution *calatis comitiis* et celles de l'affatomie. On pourrait être tenté de chercher un indice en faveur de cette hypothèse dans une remarque souvent signalée (2), la présence dans le formulaire (3) du testament *per aes et libram* d'une phrase visiblement empruntée à la procédure du testament comitial : *ita do ita lego ita testor itaque vos quirites testimonium mihi perhibetote* et d'en conclure que la *mancipatio familiæ* n'a été qu'une simplification du cérémonial antérieur de la disposition *calatis comitiis*. Mais l'argument porterait à faux. La phrase en question n'appartient certainement pas au formulaire primitif de la *mancipatio familiæ* ; elle figure parmi les additions qui sont venues se greffer très tardivement sur la vente fictive d'hérédité. Les emprunts indéniables faits au formulaire de l'institution *calatis comitiis* datent seulement de l'époque où la *mancipatio familiæ* a perdu sa nature originaire et s'est transformée en un testament.

— PERTILE, *Storia del diritto italiano* (2), IV, § 123, p. 31 ; — AUFFROY, *Evolution du testament en France*, Paris, 1899, p. 156.

(1) *Histoire du droit civil français*, p. 890, note 2.

(2) GIRARD, *Manuel*, p. 787 ; — CUQ, *Institutions juridiques*, p. 295, note 1.

(3) *Gaius*, II, 104.

Ces deux opérations, disposition *in comitiis* et *mancipatio familiæ* sont donc très distinctes. La seconde n'est pas dérivée de la première. Il y a lieu de se demander quelle est celle d'entre elles qui a tenu, dans l'évolution du droit romain, le rôle correspondant à celui qu'ont joué dans les coutumes germaniques l'affatomie et le thinx? Est-ce vraiment, comme on l'affirme d'ordinaire, la *mancipatio familiæ*? Je ne puis hésiter une minute à répondre négativement. Sans doute, il y a entre l'affatomie de la loi salique et la *mancipatio familiæ* une analogie qui attire immédiatement l'attention de l'observateur, et qui tient à l'emploi commun d'un intermédiaire de transmission. Mais, tandis que le recours à l'intermédiaire est le trait essentiel de la *mancipatio familiæ*, il ne constitue dans l'affatomie qu'une pièce accessoire, que la simplification progressive des formes de cet acte a assez vite rendue inutile, qui est disparue déjà dans la loi ripuaire, dans les capitulaires additionnels à la loi salique, dans les formulaires francs. Et surtout on relève aisément des différences profondes de nature entre l'*affatomie* et le *thinx*, d'une part, et la *mancipatio familiæ* de l'autre. Comme le prétendu testament comitial, et à la différence de la *mancipatio familiæ* qui ne contenait pas d'institution, l'affatomie avait pour but de donner à son auteur des héritiers de son choix. L'argument à l'aide duquel on a essayé (1) d'infirmer le témoignage si clair de la loi salique et du chapitre VIII du capitulaire de 803 additionnel à la loi ripuaire — argument tiré de l'imprécision et de l'absence de caractère technique du mot *heres* dans le langage des lois barbares, — trouve sa réfutation décisive dans la loi ripuaire XLVIII et dans l'édit de Rotharis, 174. Ce dernier texte est relatif au *thinx*. Mais le cérémonial du *thinx* a longtemps comporté, lui aussi, l'emploi d'un intermédiaire *geisel*. Autre différence plus intime encore. L'*emptor familiæ* ne devait remettre au

(1) AUFFROY, *Évolution du testament*, p. 206.

destinataire les biens objets de la mancipation qu'après
le décès du *de cujus*. Au contraire, le délai maximum de
XII mois que le titre XLVI de la loi salique assignait
à l'intermédiaire pour opérer la retranslation aux vrais
bénéficiaires courait du jour de la tradition dans le *mall*
faite à cet intermédiaire. Heusler (1) et Schupfer (2) ont,
il est vrai, soutenu que ce délai partait seulement de la
mort du disposant. Mais leur conjecture est démentie
par les textes et repose sur une méconnaissance du véritable rôle du mode de disposition germanique, tel qu'il
ressort des formulaires francs et, en ce qui concerne le
thinx, des chapitres 172, 174 de l'édit de Rotharis. Les
formalités de l'*affatomie* se terminaient — je ne dirai
pas seulement souvent, mais habituellement, — du vivant
même de l'instituant et conféraient à partir de ce moment aux gratifiés, comme l'institution *calatis comitiis*,
un droit ferme et définitif de successibilité. L'affatomie ex-
cluait donc toute possibilité d'une rétention par l'auteur
de l'acte jusqu'à sa mort de cette sorte de faculté
de repentir qui a été l'un des principaux avantages de la
mancipatio familiæ. Le comparatiste qui, au lieu de s'ar-
rêter aux similitudes de forme ou aux ressemblances
accidentelles, ne tient compte que de la communauté ou
de la parenté de structure juridique et surtout de fonction
économique, s'aperçoit très vite que c'est l'acte dit
testament comitial qui constitue l'équivalent romain de
l'*affatomie* et du *thinx* et que la *mancipatio familiæ* se
rattache à un type supérieur, qui n'apparaît que pendant
une phase plus avancée de l'évolution du régime successoral.

Nous retrouvons bien dans l'histoire de notre droit un
représentant de la famille d'institutions à laquelle appartient la *mancipatio familiæ*. Mais ce représentant n'est pas

____

(1) *Institutionen*, I, p. 215.
(2) *Thinx e affatomia*, p. 34 du tirage à part.

l'affatomie ; c'est la *Treuhand* germanique, c'est l'exécution
testamentaire du haut Moyen Age chrétien (1). Entendons-
nous toutefois sur le sens des mots. La pauvreté de notre
terminologie juridique m'oblige à employer une expression
quelque peu trompeuse, mais dont l'usage est consacré.
L'exécution testamentaire est aujourd'hui un des rouages du
testament. De là son nom actuel. Mais il n'en a pas toujours
été ainsi. Elle a été longtemps indépendante du testament.
Elle est plus ancienne que lui. Avant d'en devenir un des
éléments ou une des clauses, elle en a été l'un des précédents, et même le précédent le plus direct. Sa raison
d'être primitive a été de tempérer les inconvénients
d'une coutume qui ne reconnaissait point encore la légitimité du testament et d'atteindre, par des voies détournées,
des résultats analogues à ceux que produit ouvertement
l'acte à cause de mort. L'ancêtre de l'exécuteur testamentaire moderne a rendu à son commettant, soit dans
le droit hébraïque (2) soit pendant le Moyen Age chrétien, avant la renaissance du droit romain, les mêmes
services exactement que l'*emptor familiæ*. C'est par cette
origine que s'explique plus d'une d'entre les particularités que présente, soit dans la théorie définitive du
droit canonique, soit dans le droit musulman, l'exécution testamentaire survivant à la pénétration de l'acte de
dernière volonté, transformée en une pièce de l'organisme
testamentaire. Entre le mécanisme de la *mancipatio familiæ* et celui de l'exécution testamentaire primitive, on
ne peut relever que des différences de détail, qui, toutes,
tiennent à la diversité des conceptions romaines et germaniques sur la nature du droit de propriété ou aux divergences

<hr>

(1) Sohm, *Institutionen*, § 99, I ; — Cuq, *Institutions juridiques*,
p. 298, 520.

(2) *Baba Bathra*, 152 ; — *Gittin*, 14 b. ; — Bloch, *Mosaisch-talmudische Erbrecht*, p. 55, p. 60. — Rapaport, *Zeits. für verg. R. w.* XIV.
p. 115-122.

de ces législations sur la détermination des cérémonies douées de la vertu d'opérer le transfert des droits. Dans l'une et l'autre, les dispositions d'hérédité se réalisent par le canal d'un intermédiaire investi immédiatement entre vifs de la propriété ou de la saisine des biens à distribuer, à Rome par une mancipation, dans les coutumes du haut Moyen Age et chez les Hébreux par une tradition (1) et qui doit procéder, mais seulement après la mort du disposant, à la retranslation aux destinataires effectifs des objets mis en son pouvoir. L'une et l'autre permettent au donateur de revenir sur ses libéralités ou de les modifier, sans le consentement des véritables bénéficiaires, mais avec le concours et la collaboration de l'intermédiaire de transmission (2). La *mancipatio familiæ* et l'exécution testamentaire de nos coutumes précanoniques ou du droit hébraïque ne

(1) Ce caractère de l'exécution testamentaire du très ancien droit a bien été l'objet de quelques contestations reproduites encore dans SALVIOLI, *Storia*, p. 403 ; — PERTILE, *Storia*, IV, p. 32 ; — AUFFROY, *loc. cit.*, p. 307. Mais depuis longtemps déjà l'opinion dominante voit dans l'exécuteur testamentaire précanonique un intermédiaire de transmission, un propriétaire intérimaire saisi par une tradition. En 1895, M. Schultze (*Langobardische Treuhand*, p. 52-144) a rassemblé en ce sens un faisceau solide de preuves, mais uniquement pour le droit lombard. L'enquête très large et très approfondie poursuivie tout récemment par R. Caillemer (*Origines et développement de l'exécution testamentaire*, p. 128-423) au travers de multiples recueils de documents (chartes, formulaires, coutumiers, etc.), empruntés à la France, l'Angleterre, la Suisse, l'Allemagne, l'Italie, l'Espagne, a donné sur ce point des résultats absolument décisifs. L'extraordinaire abondance des témoignages et leur clarté ne permettent plus de discuter sérieusement la nature originaire, soit de la saisine de l'exécuteur, manifestation d'une propriété limitée, soit de la tradition par laquelle cette saisine est établie.

(2) Sur ce trait de l'exécution testamentaire et sur la mesure variable selon les régions, dans laquelle ont été admises et pratiquées les clauses de révocabilité, destinées à imposer à l'exécuteur l'obligation ferme de retransférer au donateur, quand il en sera requis, les biens mis en sa saisine : R. CAILLEMER, *loc. cit.*, p. 57, 268-287.

sont point, en réalité, choses distinctes. Ce sont des manifestations diverses d'un unique concept juridique qui s'est
fait jour d'ailleurs dans d'autres milieux encore.

Dès lors, l'histoire comparative offre un précieux moyen
de remédier partiellement à l'insuffisance et à l'obscurité
des sources directes sur la *mancipatio familiæ,* de pénétrer
la nature intime et le rôle économique de cet acte. Cet instrument doit toutefois être manié avec prudence et discer-
nement. La comparaison entre les systèmes juridiques,
quand on l'entreprend dans le but spécial de suppléer aux
lacunes de nos renseignements sur une législation déterminée, ne peut pas être instituée utilement et légitimement
entre toutes les variétés d'une même institution, mais entre
celles-là seulement qui se rattachent au même stade de
l'évolution habituelle de l'institution en question. Il est
bien évident que l'on aboutirait aux résultats les plus dé-
plorables si, pour éclairer et compléter les indications frag-
mentaires que nous possédons sur telle ou telle forme de
mariage non génératrice de *mundium* ou de *manus,* appro-
priée à l'organisation utérine ou matriarcale de la famille,
on allait pratiquer des emprunts au cérémonial d'un mariage
créateur de puissance maritale, s'harmonisant avec une
constitution consanguine ou patriarcale de la famille. Il en
est de même de l'institution des exécuteurs de dernières
volontés qui — je me contente pour l'instant d'une affirmation, dont la justification détaillée trouvera sa place dans
le second volume du présent travail — est passée, dans
les sociétés où nous pouvons la suivre pendant le plus
longtemps, par deux phases bien tranchées, la phase pré-
testamentaire où elle conserve son autonomie et revêt le
caractère d'opération entre vifs, la phase testamentaire où
elle se transforme en une simple clause de l'acte de dernière
volonté. L'histoire comparative nous révèle l'existence
de deux types successifs d'exécutions de dernières volontés, qui se différencient profondément, tant dans leur
rôle économique que dans leur structure juridique, un

type primitif et un type dérivé. La *mancipatio familiæ* appartenant, d'après la description qu'en donnent Gaius et Ulpien, au type primitif, c'est seulement par la comparaison des autres variétés du même type et particulièrement de la *Treuhand* germanique, dont d'innombrables documents nous permettent de saisir la physionomie vivante, et non pas par le rapprochement des variétés du type dérivé, que nous parviendrons à en bien comprendre le fonctionnement.

Le second de ces procédés a pourtant été suivi par Schulin(1). Cet écrivain, qui s'interdit toute excursion en dehors du cercle, si limité, des législations de l'antiquité classique, identifie l'*emptor familiæ* romain avec l'ἐπίτροπος ou l'ἐπιμελητής grec, personnages chargés d'administrer temporairement la fortune du *de cujus* (2), de payer les dettes(3), d'acquitter les legs (4), qui cumulent assez souvent cette fonction avec celle de tuteur des enfants du disposant (5), mais qui, à l'époque où les sources helléniques commencent à prendre quelqu'abondance, n'étaient point établis par acte entre vifs, mais par testament et qui, par conséquent, rentrent incontestablement dans le second type d'exécuteurs de dernière volonté, dans le type dérivé. D'après Schulin, l'*emptor familiæ* se distinguerait de l'ἐπιμελητής uniquement par le formalisme dont son institution est entourée et non pas par la nature de son titre. Il ne serait

---

(1) *Griechische Testament*, p. 54-60.

(2) Cf. testament de Platon — défense d'aliéner un immeuble, adressée aux exécuteurs qui sont en même temps des tuteurs testamentaires (BRUNS, *Zeits. der Savigny-Stiftung*, R. A. 1880, I, p. 8 ; — SCHULIN, *Griechische Testament*, p. 29) ; testament d'Agasicrates, § 3 (DARESTE, HAUSSOULLIER, REINACH, 2e série, 1er fasc. p. 103).

(3) Testament de Theophrast (BRUNS, *loc. cit.*, p. 35) et de Strato (BRUNS, p. 40 ; — SCHULIN, *loc. cit.*, p. 40).

(4) Testaments d'Aristote (BRUNS, p. 11); de Strato (BRUNS, p. 36). Cf. VAN HILLE, *loc. cit.*, p. 104 et 105 ; — BEAUCHET, III, p. 699.

(5) Testaments de Pasion (SCHULIN, p. 26); d'Aristote (BRUNS, p. 19); de Platon (VAN HILLE, p. 102).

qu'un « mandataire du testateur, un administrateur de sa fortune », n'acquérant aucun droit personnel sur les biens confiés à sa surveillance.

Le principal argument invoqué à l'appui de cette opinion paradoxale est emprunté à une phrase du formulaire que Gaius nous présente comme étant celui, non pas de la *mancipatio familiæ*, mais du testament *per æs et libram* de son temps. L'*emptor familiæ*, au moment de frapper la balance avec son lingot, définissait les effets qu'il attendait de la remise de ce lingot. Le passage où Gaius rapporte ces paroles est visiblement corrompu dans le manuscrit de Vérone. On en a proposé des interprétations diverses. Si l'on s'en tient à la lettre de l'*apographum* de Studemund, l'*emptor familiæ* déclare simplement recevoir, en sa *custodela* la *familia* et la *pecunia* du testateur (1). Pour les besoins de sa thèse, Schulin adopte une version divergente, proposée il y a longtemps par Lachmann et suivie depuis par quelques auteurs : version qui, retouchant le texte du manuscrit, suppose que l'*emptor familiæ* employait cumulativement, pour caractériser les pouvoirs qu'il acquérait sur la fortune du testateur, les termes *custodela*, *mandatela*, (2), et *tutela* (3). La présence de ces deux dernières expressions, *mandatela* et surtout *tutela*, dans le testament *per æs et libram*, fournirait la preuve que le prétendu *emptor familiæ* n'a jamais été un intermédiaire de trans-

(1) Telle est la lecture suivie dans les éditions de Krueger et de Studemund, de Girard (Textes).

(2) D'après l'*apographum*, il ne s'agit pas de la *mandatela* de l'*emptor familiae*, mais de la *mandatela* du testateur. Seul le mot *custodela* vise le pouvoir de l'*emptor*.

(3) On obtient cette version en isolant, dans le passage du manuscrit où Studemund a lu *mandatelatuam*, les six lettres *telatu*, et en supposant qu'elles ont été écrites par erreur au lieu de *tutela*. Salkowski (*Zeits. der Savigny-Stiftung Rom. Abth.*, III, 197, retrouve aussi dans cette phrase le mot *tutela* au moyen d'une restitution qui apporte au texte du manuscrit des corrections encore plus profondes.

mission, un acquéreur de la fortune du disposant ; qu'il a de tout temps été regardé comme un tuteur, c'est-à-dire un simple administrateur de la fortune d'autrui.

Les vices d'un pareil raisonnement sont trop visibles. Son point de départ est fort peu solide. Car il n'est pas incontestable que le mot *tutela*, et même le mot *mandatela*, avec l'application que lui donne Schulin, aient figuré dans la formule que devait prononcer l'*emptor familiæ*. L'opinion opposée est même admise par les éditeurs les plus estimés du manuscrit de Gaius (1). La supériorité de la version de Lachmann sur celle de Studemund fût-elle établie, qu'il ne serait pas permis d'en tirer une conclusion en ce qui concerne la nature primitive de la *mancipatio familiæ*. Il n'est pas démontré que la formule en question remonte à la première des deux phases que distingue Gaius dans l'histoire du testament *per æs et libram*. Il est même beaucoup plus vraisemblable qu'elle n'a reçu sa teneur actuelle que dans la seconde de ces phases. Elle présente des traits relativement modernes (2). Enfin, fût-il prouvé que, dès l'origine, on a qualifié tutelle la fonction de l'*emptor familiæ*, qu'il n'en résulterait aucunement que cet homme de confiance n'ait eu que les attributions d'un simple mandataire. Dans quelques-unes des sociétés qui offrent le terrain le plus propice pour l'observation du fonctionnement primitif de l'exécution testamentaire, nous constatons l'existence de relations étroites entre cette institution et la tutelle. Ces rapports sont peut-être plus nets et plus énergiques que partout ailleurs dans le droit musulman (3). Ils

(1) Aussi Greif, *loc. cit.*, p. 120 et s., qui reprend à son tour l'idée d'une similitude de nature entre les fonctions de l'*emptor familiæ* et celle de l'ἐπιμελητής, mais en lui donnant une formule plus aisément défendable, ne la présente-t-il plus que comme une conjecture à laquelle la récension de Studemund enlève beaucoup de sa vraisemblance.

(2) Ex. : le mot *mandatela*, le membre de phrase : *Tu jure testamentum facere possis secundum legem publicam.*

(3) VAN DEN BERG, *Fath al-Qdrib*, p. 441 ; — *Minhádj at Talibin* II,

existent aussi dans de nombreuses coutumes du ha :t Moyen-Age chrétien (1). Mais cette affinité entre la tutelle et l'exécution testamentaire y tient précisément à ce que l'exécuteur des dernières volontés, comme le tuteur ou le baillistre, n'est point un administrateur de la fortune d'autrui, mais un propriétaire temporaire des biens soumis à sa garde, qui représente le défunt depuis le décès de celui-ci, soit jusqu'à l'accomplissement de ses libéralités, soit jusqu'à l'arrivée des enfants sous-âgés à la majorité, qui le représente, non pas comme le fait un mandataire, mais comme le fait un héritier (2). La tutelle du très ancien droit romain s'est sans doute différenciée fort peu de la tutelle germanique, telle que la décrivent les édits lombards (3) ou la loi barbare des burgondes (4), de notre bail féodal (5) et des

p. 280 ; — HAMILTON-GRADY, *Hedaya*, p. 697 et s. ; — SAUTAYRA et CHERBONNEAU, *Droit musulman,* I, p. 343 ; — SACHAU, *Muhammeda-nisches Recht nach schafiitischer Lehre*, p. 238 ; — QUERRY, *Droit musulman (El Mokkekkik)* I, p. 630. — L'exécuteur testamentaire du père est en même temps le tuteur des enfants.

(1) R. CAILLEMER, *Origines et développement de l'exécution testamentaire*, p. 97-109 (attribution assez fréquente à l'exécuteur testamentaire, par la coutume ou par le testateur, de la tutelle des enfants ou même — en Allemagne — de la tutelle de la veuve) — p. 117-121 (emploi d'expressions communes pour désigner à la fois le tuteur et l'exécuteur) — p. 356-369 (grande ressemblance, mais non identité entre les droits de l'exécuteur, d'une part, et ceux du tuteur ou baillistre, de l'autre) — p. 433 (égale succession aux créances et aux dettes) — p. 572 et s. ; — 620 et s. (rapprochements fréquents faits par les canonistes entre la tutelle et l'exécution testamentaire).

(2) R. CAILLEMER, *loc. cit.*, p. 367.

(3) *Rotharis*, 186-188, 215 ; — *Liutprand*, 14,57,133.

(4) *Liber constitutionum* (éd. Salis), 85, § 2, 96 et 100. — Cf. STOBBE, *Handbuch*, IV, p. 386 et s. ; — HUBER, *System und Geschichte*, IV, p. 511-513 ; — AGRICOLA, *Die Gewere zu rechter Vormundschaft als Princip des sächsischen ehelichen Güterrechts.* Gotha, 1869, p. 114 et s. ; — MARTITZ, *Das eheliche Güterrecht des Sachsenspiegels.* Leipzig, 1867, p. 80 et s. ; — HEUSLER, *Institutionen*, II, p. 493-498.

(5) D'ARBOIS DE JUBAINVILLE, *Recherches sur la minorité et ses effets*

institutions correspondantes que le comparatiste peut étudier dans tant de sociétés primitives. Elle paraît avoir entraîné d'abord des effets très voisins de ceux qu'a produits
dans la France médiévale la succession provisoire du baillistre aux biens destinés à passer au sous-âgé (1), ou dans
la coutume lombarde l'absorption passagère de la fortune
de la femme dans le patrimoine de son *mundoald* (2). Le
tuteur romain a dû être investi à l'origine, sur les biens de
l'incapable, d'un droit propre assez comparable à cette sorte
de propriété intérimaire, restreinte et tempérée par l'existence, au profit de la personne soumise à la tutelle, d'un
droit à la reprise ultérieure de la propriété ; je dirais volontiers — employant la terminologie du droit anglais qui
seule, à l'heure actuelle, conserve assez de souplesse pour
traduire fidèlement les conceptions originales de la coutume
germanique — à cet *estate in possession* limité par le concours de l'*estate in expectancy* (3) du pupille qu'ont possédé

dans le droit féodal. Bibl. de l'école des chartes, 3ᵉ série, II, p. 415 ;
III, p. 136 et 533 ; — Glasson, *Histoire du droit et des institutions de
la France*, VII, p. 182 et s. ; — Viollet, *Histoire du droit civil français*,
p. 533-534 ; — Salis, *Beitrag zur Geschichte der väterlichen Gewalt
nach altfranzösischen Recht* dans *Zeits. d. Savigny-Stiftung. Germ.
Abth.*, 1887, VII, p. 146-150 ; — Pertile, *Storia*, III (2), p. 406 et s.

(1) Cette nature juridique du bail, — interposition d'un propriétaire intérimaire entre le sous-âgé et la personne dont le sous-âgé
doit recueillir la succession à sa majorité — s'affirme avec une
particulière énergie dans la théorie féodale des droits de mutation.
Le *relief* est dû à deux reprises, à l'occasion du passage de la propriété du *de cujus* au baillistre, puis du baillistre à l'héritier devenu majeur. Sur les autres manifestations de la propriété provisoire du baillistre, Glasson, *loc. cit.*, VII, p. 186-190 et l'ouvrage
cité de M. d'Arbois de Jubainville.

(2) Voir surtout les dispositions si caractéristiques de *Liutprand*,
57, 133 et la 4ᵉ formule du *Liber papiensis* sur *Rotharis* 195. Cette
conception antique est demeurée plus longtemps vivante dans son
application à l'une des variétés du *mundium* germanique, la puissance maritale (bail du mari, *Gewere zu rechter Vormundschaft, title
by marriage, coverture* de la femme par le mari).

(3) Sur cette distinction des deux sortes de propriété : Blackstone

le tuteur lombard et le gardien féodal. Le passage de la société romaine par un régime de ce genre se révèle par une série d'indices : parenté de nature entre le droit de tutelle et le droit d'hérédité — le premier n'étant qu'un corollaire du second — que les classiques continuent, sous la force des habitudes acquises, à invoquer à une époque où elle a depuis longtemps cessé d'être une réalité (1); emploi par Servius Sulpicius et Cicéron (2), pour désigner le pouvoir du tuteur de ce même mot *potestas* qui servira dans la loi burgonde, à qualifier le *mundium* marital (3), dans les chartes du Moyen Age, la saisine de l'exécuteur testamentaire (4); application par Tite-Live de la dénomination uniforme de *manus* à toutes les puissances dont la femme peut être l'objet, puissance tutélaire aussi bien que puissance maritale (5); nombreux textes qui déclarent que le tuteur

(Chompré), II, p. 576 et s. ; — STEPHEN, *Commentaries* (1886), II, p. 312 et s ; — JAMES KENT, *Commentaries on american law* (1896), IV, p. 194, lecture LIX ; — JOSUAH WILLIAMS, *Real property* (18), p. 308 ; — GOODEVE, *Real property* (1897), ch. VIII, p. 227-249 ; — NELSON, *Real property*, p. 206 ; — DIGBY, *History of law of real property*.

(1) *Gaius*, I, 165 ; — 50, 17. D. 13, pr. ; — 50,16, D. 53 pr. ; — cf. GREIF, *loc. cit.*, p. 128-130, et les indications à tirer de l'organisation primitive de la curatelle du prodigue — restriction aux *bona paterna avitaque*.

(2) 26, 1. D. 1, pr. ; — CICÉRON, *Pro Murena*, 12,27 ; — *de rep.* 3,33,45 ; — cf. aussi la disposition des XII tables, V, 7 sur le *curator furiosi : si furiosus escit, ast ei custos nec escit agnatum gentiliumque in eo pecuniaque ejus potestas esto*, que vient éclairer le témoignage de Gaius, II. 64, affirmant que, dans le système de la loi des XII tables, l'agnat curateur du *furiosus* pouvait aliéner les biens de ce dernier.

(3) *Liber constitutionum*, 100 : « Sicut in ea *potestatem* habeat, ita et de omnes res suas. » Le rapprochement du titre 96 de la même loi jette sur ce texte la même clarté que le rapprochement de Gaius, II, 64, sur celui des XII tables, V, 7.

(4) R. CAILLEMER, *loc. cit.*, p. 153-155.

(5) XXXIV, 2, 11 ; — PLAUTE, *Trucul.*, IV, 4, 6, (d'après les dernières lectures). La *manus* apparaît dans ces textes comme

est *domini loco* (1). Schulin lui-même constate ailleurs la ressemblance de la tutelle primitive et de la *manus* et signale quelques-unes des survivances les plus caractéristiques de cette *potestas*, comme l'admission de l'*in jure cessio* de la tutelle légitime sur la femme (2). Les quelques lignes qu'il consacre à ce sujet dans son manuel d'histoire du droit romain contiennent une très suffisante réfutation des idées exposées par lui dans son *Griechische Testament*. A l'époque relativement reculée à laquelle remonte l'invention de l'expédient de la *mancipatio familiæ*, l'évolution qui a transformé en une simple administration du patrimoine de l'incapable, organisée dans l'intérêt et pour le compte de celui-ci, l'ancienne *potestas* du tuteur, était sans doute fort peu avancée. Me fût-il démontré que l'*emptor familiæ* ait été rangé dans la classe des tuteurs, que je ne verrais point dans cette circonstance un motif de m'inscrire en faux contre la tradition qui nous présente la *mancipatio familiæ* comme une variété du type primitif d'exécution testamentaire ; j'y trouverais au contraire, — étant donné que la tutelle paraît bien avoir produit primitivement, mais d'une façon provisoire, des effets analogues à ceux qu'entraînaient définitivement et irrémédiablement les autres formes de la puissance domestique, *manus* et *patria potestas* — un nouvel indice en faveur de l'exactitude de cette tradition.

Cette première partie du raisonnement de Schulin est cependant plus spécieuse que le second argument qu'il va encore chercher dans la formule qui, d'après Gaius, doit être prononcée par le *familiæ emptor* : *familiam pecuniamque tuam... hoc ære et, ut quidam adjiciunt, æneaque libra esto mihi empta.* Alors que dans le cérémonial ordinaire de la *mancipatio*, l'acheteur déclarait acquérir *hoc ære æneaque*

l'exact équivalent du *mundium* lombard : c'est la tutelle perpétuelle successivement exercée par le père, le mari, le tuteur.

(1) 41,7. D. 7,3 ; — 47,2, D. 56 34 ; — 43,24, D. 2.7 ; — 26,2, D. 14.
(2) *Lehrbuch der Geschichte des römischen Rechtes*, p. 188-189.

libra, l'opinion la plus courante au temps de Gaius était que l'*emptor familiæ* ne devait employer que le premier de ces termes : *hoc ære;* quelques dissidents seulement l'obligeaient à les faire suivre, comme dans une mancipation sérieuse, des mots *æneaque libra*. L'incidente *ut quidam adjiciunt* contiendrait la preuve que l'acte d'investiture du *familiæ emptor* n'a point emprunté purement et simplement les formes de la mancipation ; qu'il a eu sa procédure propre, présentant sans doute des ressemblances apparentes avec celle de la mancipation et qui, à raison de ces analogies externes, aurait été confondue avec elle par les jurisconsultes classiques qui ne comprenaient plus le sens d'une institution sortie de l'usage. Et Schulin, partant de l'idée préconçue que l'*emptor familiæ* n'a jamais été qu'un curateur, qu'un administrateur de succession, prétend restituer le cérémonial primitif de l'opération improprement qualifiée *mancipatio familiæ*. C'était une nomination devant témoins et en forme solennelle d'un tuteur de l'hérédité. Elle comportait la présence des témoins, probablement au nombre de cinq, du testateur et du futur tuteur; mais non pas celle du *libripens* et de la balance. Le prétendu *familiæ emptor* aurait bien terminé la phrase, dans laquelle il déclarait recevoir la *familia* et la *pecunia* du disposant dans sa tutelle, par les mots : *hoc ære esto mihi empta* et placé en même temps un petit morceau de bronze dans la main du testateur. Mais la remise de la pièce de bronze aurait eu le sens, non pas, comme dans la mancipation, d'un paiement fictif de prix de vente, mais d'un symbole de l'engagement pris par le fondé de pouvoirs envers son commettant. Toute cette procédure aurait tendu primitivement, non pas à faire passer à un tiers la propriété du patrimoine du disposant, mais à faire naître à la charge de ce tiers des obligations. Ce serait seulement vers le temps où a vécu Gaius que les juristes romains, se laissant duper par les apparences, auraient pris le vieux mode d'établissement du tuteur successoral pour une mancipation d'universalité, en auraient transformé le cérémonial en y introduisant, non seulement la mention *æneaque libra*, mais aussi l'intervention du *libripens* et de la balance, la pesée fictive, et lui auraient ainsi imprimé après coup le caractère de vente imaginaire.

Les hypothèses développées par Schulin, sous prétexte d'interprétation du passage cité de Gaius, sont totalement dénuées de vraisemblance. Quelqu'ait pu être l'élasticité originaire de l'expression *emere* (1), il n'en reste pas moins impossible d'accommoder cette formule *hoc ære esto mihi empta* et l'acte matériel qui l'accompagne à l'interprétation proposée par Schulin. Les termes employés indiquent très clairement que la dation du morceau de bronze trouve sa raison d'être dans les droits ou pouvoirs conférés à l'*emptor familiæ* et non pas dans les obligations qu'il assume. Et surtout, est-il permis de supposer que les jurisconsultes classiques, — à qui la notion de l'acte à cause de mort était devenue si familière qu'ils ne concevaient même pas qu'elle ait pu ne pas toujours exister, — aient intercalé la mancipation parmi les formes du testament, sans y être poussés par une très ferme tradition? Nous constatons chez eux une tendance absolument opposée : la tendance à moderniser les institutions du passé. Jamais ils n'auraient songé à inventer ce mode de disposition d'hérédité, la transmission *post mortem* par le canal d'un acheteur fictif, s'ils ne l'avaient trouvé constitué de toutes pièces dans l'histoire de leur droit.

Les résultats étranges auxquels aboutit Schulin ne sont point imputables à la méthode comparative elle-même, mais seulement à un maniement défectueux de cette méthode. Il faut renoncer à demander au rapprochement, intéressant en lui-même, établi entre l'usage romain de la

<hr>

(1) Schulin invoque, en effet, des passages de Paul Diacre aux mots *abemito* et *emere*, d'après lesquels, dans le latin archaïque, *emere* a signifié non seulement *mercari*, mais aussi *sumere* ou *accipere*.

mancipatio familiæ et l'usage hellénique des nominations d'ἐπιμεληταί, d'autres indications que celles que peut fournir l'analyse des métamorphoses successives d'une même institution ; la confrontation, par exemple, des mariages par rapt ou enlèvement avec le mariage par achat de la femme, de la famille utérine ou matriarcale avec la famille consanguine ou patriarcale et la famille double, de la puissance domestique du père, du mari ou de l'agnat avec les tutelles protectrices de l'incapable. Mais envisagée sous cet aspect, la comparaison profitera beaucoup plus à l'histoire du droit grec qu'à l'histoire du droit romain. Elle servira, avant tout, à éclairer les origines — quelque peu obscures et surtout insuffisamment étudiées par les hellénistes — de l'institution des ἐπιμεληταί (1). Elle est de nature à nous faire croire que l'ἐπιμελητής des temps classiques, le curateur et le liquidateur de succession désigné par testament, a eu, comme l'exécuteur testamentaire du droit canonique ou de la législation talmudique, pour ancêtres directs des intermédiaires de transmission, investis entre vifs, sur les biens destinés à être distribués après la mort du disposant, d'une puissance comparable à celle du *familiæ emptor* romain ou du *salmann* germanique. Et cette constatation n'est pas seulement imposée par les enseignements de l'histoire comparative ; elle me paraît ressortir directement des sources helléniques. Le lien entre la fonction d'exécuteur et celle de tuteur des enfants du testateur, beaucoup plus étroit et plus apparent en Grèce que dans notre société médiévale, fournit déjà un premier indice en ce sens, la tutelle du très

(1) Sur cette institution : BRUNS, *Die Testamente der griechischen Philosophen. Savigny-Stiftung. Rom. Abth.* I, 1880, p. 9 et s. ; — SCHULIN, *Griechische Testament,* p. 25 à 33, p. 43 ; — SCHULTESS, *Vormundschaft nach attischem Recht,* Freiburg, 1886, p. 58-63 ; — BEAUCHET, *loc. cit.,* III, p. 699 et s. ; — GREIF, *loc. cit.,* p. 31-32 ; — DARESTE, *Annuaire de l'association pour l'encouragement des études grecques,* 1882, p. 1 et s. ; — DARESTE, HAUSSOULLIER, REINACH, *Recueil des inscriptions juridiques grecques,* 2ᵉ série. 1ᵉʳ fasc., p. 102 à 114 ; — VAN HILLE, *De testamentis jure attico,* p. 81, 90, 102 et s.

ancien droit grec ayant sans doute présenté le même caractère de *potestas* sur la personne et les biens du pupille que la tutelle germanique, ayant impliqué comme elle l'interposition d'une sorte de propriétaire intérimaire entre le défunt et son fils mineur (1), la confusion momentanée du patrimoine de la femme dans celui de ses tuteurs successifs (2). Mais, parmi les survivances probables du régime primitif de l'exécution testamentaire, il en est deux surtout que je considère comme caractéristiques : d'une part, l'usage attesté par quelques documents anciens de la nomination d'ἐπιμελ-ηταί en dehors du testament, par acte séparé (3) ; d'autre

---

(1) De très clairs vestiges de cette conception primitive se retrouvent à l'époque classique, soit dans la succession provisoire du tuteur, pendant la minorité, au culte domestique que le mineur ne peut exercer. SCHULTESS, *Vormundschaft nach attischem Recht*, p. 105 ; — MEIER et SCHŒMANN (édition Lipsius), *Der attische Prozess*, p. 601 ; — BEAUCHET, II, p. 220) ; — soit dans l'absence de toute interdiction d'aliéner les immeubles à la charge du tuteur (BRUNS, *Savigny-Stiftung*. R. A. 1880, p. 9-10 ; — SCHULTESS, *loc. cit.*, p. 118-120 ; — DARESTE, *Plaidoyers civils*, I, p. 30 ; — GUIRAUD, *La propriété foncière en Grèce*, p. 319 ; — BEAUCHET, II, p. 232 et, pour la loi de Gortyne, BUECHELER et ZITELMANN, *loc. cit.*, p. 134 et 160).

(2) SCHULIN, *Geschichte des römischen Rechtes*, § 48, p. 188 ; — BEAUCHET, II, p. 148. On a souvent signalé les témoignages contenus dans les poèmes homériques et notamment le passage de l'*Odyssée*, I, 292, qui reconnaît à Télémaque ce même droit de jouer le rôle de fianceur, dans le cas où Pénélope se remarierait, que la coutume lombarde conférait au fils né du premier mariage, en sa qualité de tuteur de sa mère, pour le cas de convol de celle-ci (*Liutprand*, 101, et la formule de *traditio ad uxorem* publiée dans l'édition des lois lombardes de Bluhme : *Monumenta germ. hist.*; *leges*, IV, p. 605).

(3) Je mentionne d'abord, pour mémoire, le testament relativement récent (ii° ou i° siècle, av. J.-C.) d'Agasicratès, § 3 (DARESTE, HAUSSOULLIER, REINACH, *loc. cit*, p. 102) qui confie le règlement et la surveillance d'une fondation à des exécuteurs déjà désignés par acte séparé, si l'on s'en tient à la lettre du texte. Mais on peut objecter que nous n'avons peut être qu'un extrait de ce testament et que les ἐπιμελ-ηταί avaient pu être institués dans une partie du document qui ne nous est pas parvenue (cf. DARESTE, HAUSSOULLIER

part, la présence habituelle de l'ἐπιμελητής dans les testaments sans εἰσποίησις et sans institution d'héritier et dans ceux-là seulement (1). Il est donc permis de penser que

REINACH, p. 113, 114.) Je regarde comme infiniment plus décisives les indications fournies par l'un des deux plus anciens testaments (le 1ᵉʳ est beaucoup trop sommaire pour qu'on puisse en tirer des conclusions précises) rassemblés dans Dareste, Haussoullier, Reinach, p. 60, 61, le testament de Xouthias, qui nous reporte au vᵉ siècle av. J.-C. et est dès lors notablement antérieur aux premiers testaments de philosophes. L'auteur de l'acte avait déposé dans un temple les sommes dont il veut disposer pour le jour de sa mort. Dans le document que nous possédons, il adresse au dépositaire ses instructions sur l'emploi à faire après lui, et pour le cas où il n'en aurait pas réclamé lui-même la restitution, des deniers ainsi consignés ; il dresse la liste des personnes qui seront successivement appelées, les unes à défaut des autres, au bénéfice de cette distribution. Ne retrouvons-nous pas le fonctionnement primitif de l'exécution testamentaire dans cette opération dont le caractère peut être éclairé par le rapprochement des pratiques analogues qui ont survécu très longtemps à Rome au développement de l'acte à cause de mort ? (D. 31, *de legatis 2°*, 77, § 26 ; — 30, 5, *de donationibus*, 31, § 3 ; 30 *de legatis 1°*, 77 ; — 16, 3 *depositi* 26 pr. ; — *Fragmenta Vaticana*, § 252 a). La comparaison s'impose aussi avec les papyri grecs de la période alexandrine publiés par MAHAFFY, *The Flinders Petrie papyri* dans *Cuningham's Memoirs*, VIII et IX, 1ʳᵉ partie, XI, — XXI (cf. VAN HILLE, *loc. cit.*, p. 110 ; — GRIFFITH, *Wills in ancient Egypt* dans *Law quarterly Review*, XIV, 1898, p. 47-50 ; — MASPERO, *Journal des savants*, 1898, p. 105).

(1) SCHULIN, *Griechische Testament*, p. 30 et surtout p. 43 ; — cf. GREIF, *loc. cit.*, p. 31-32 ; — BEAUCHET, III, p. 699 ; — SCHULTESS, p. 58 et s. Très suggestive à cet égard est la lecture des six testaments de philosophes grecs conservés dans DIOGÈNE LAERCE (III, 41-43 ; — V, 11-16 ; — V, 51-57 ; — V, 61-64 ; — V, 69-74 ; — X, 16-22) publiés avec un remarquable commentaire par BAUNS (*Savig.-Stift. R. A.* I, 1880, p. 1-52) et, avec une traduction, par DARESTE (*Annuaire de l'association pour l'encouragement des études grecques*, 1882, p. 1 et s.). Tous ces testaments sont sans εἰσποίησις. Dans quatre d'entre eux (les trois plus anciens — Platon, 347 av. J.-C., Aristote, 322, Théophrast, 285, et aussi le testament de Strato, 269), on constate à la fois l'absence d'institution d'héritier et la présence des ἐπιμεληταί. Dans les deux autres, le plus récent, celui de Lyko,

l'institution des ἐπιμεληταί a d'abord servi à préparer le passage de l'adoption testamentaire aux véritables dispositions de biens en vue de la mort, à la διαθήκη. En tous cas, un rôle analogue — je puis l'assurer avec une plus entière sécurité — a été joué dans l'évolution du régime successoral romain par la *mancipatio familiæ*. Celle-ci a ménagé, comme l'exécution testamentaire précanonique, la transition de l'adoption comme héritier au testament proprement dit.

Cette dernière étape, la réception dans le système juridique romain du concept raffiné de l'acte de dernière volonté, n'a été franchie qu'avec l'apparition du mode de disposition que les interprètes ont fort improprement appelé le *testament per æs et libram transformé* et que j'appellerai tout simplement le *testament per æs et libram*. C'est la première, la plus ancienne forme du testament. Les sources romaines ne nous permettent malheureusement pas, comme les innombrables chartes du Moyen Age chrétien (1), d'assister au travail de la pratique qui a fait sortir le testament de cet ensemble de dispositions d'hérédité auxquelles l'exécution testamentaire primitive, *mancipatio familiæ* ou *Treuhand*, avait servi de pivot et de support. Mais il est certain que ce mouvement qui, dans l'Europe

225, et celui d'Epicure, 270, qui est contemporain du testament de Strato, on voit reparaître la disposition universelle, sous une forme détournée chez Lyko, qui éparpille la totalité de sa succession en legs particuliers au lieu de la distribuer par attributions de quoteparts, mais impose aux légataires, transformant ainsi leur caractère, la charge de ses dettes ; beaucoup plus ouvertement dans le testament d'Epicure et, en même temps que s'introduisent ces institutions d'héritiers sans εἰσποίησις, disparaît l'intervention des ἐπιμεληταί.

(1) Pour l'analyse de cette évolution des coutumes médiévales et la justification du rôle joué par l'exécuteur testamentaire (type ancien) comme agent de la renaissance de la notion du testament : R. CAILLEMER, *loc. cit.*, p. 312-317, surtout p. 479 et s., et les développements, beaucoup moins précis, faute d'une perception suffisamment nette des origines de l'exécution testamentaire, présentés par AUFFROY, *loc. cit.*, p. 412-430.

médiévale, s'est échelonné sur de longs siècles, quoique la renaissance bolonaise soit venue en hâter le cours, ne s'est pas poursuivi avec plus de rapidité dans la société romaine où il paraît avoir eu une plus grande spontanéité. N'exagérons pas pourtant. Il est possible qu'en cette matière la marche naturelle du droit romain ait été activée par l'influence hellénique. Les testaments des philosophes nous montrent, en effet, qu'en Grèce ou dans certaines parties de la Grèce, dès la seconde moitié du iv° siècle, le testament a rompu le lien nécessaire qui le rattachait à l'εἰσποίησις et est vraiment devenu l'œuvre d'une volonté ambulatoire jusqu'à la mort (1) ; qu'ainsi compris, il a pu, en fait, vers le milieu du iii° siècle, porter sur toute la fortune du testateur et même contenir des dispositions universelles. La notion de l'acte de dernière volonté n'a pénétré à Rome que beaucoup plus tard, à une époque où l'action de la littérature grecque y était déjà intense. Rien n'est plus inexact que l'affirmation lancée par Sumner-Maine (2) et reproduite comme parole d'Evangile par une série d'auteurs : « Partout où le droit de tester existe, il a été emprunté au droit romain ». Il n'est point invraisemblable que la civilisation romaine ait retiré du contact de la civilisation grecque des bienfaits analogues à ceux qu'elle-même a rendus à son tour aux civilisations juive et musul-

(1) La théorie vieillie de Bunsen, *de jure hereditario Atheniensium,* p. 53, qui voit dans le testament grec un συμβόλαιον, pourrait bien contenir, pour les temps anciens, malgré le discrédit où elle est tombée (Schulin, *loc. cit.*, p. 8, note 6 ; — Beauchet, *loc. cit.*, p. 22), un très large fond de vérité. Les plus anciens des testaments publiés dans Dareste, Haussoullier, Reinach, lui fournissent, me semble-t-il, une confirmation. Mais cette thèse est absolument indéfendable en ce qui concerne l'époque classique. Il s'est sans doute produit en Grèce le même phénomène que nous pouvons étudier chez nous et dans bien d'autres civilisations. Le testament ne s'est que lentement et progressivement différencié de l'acte entre-vifs.

(2) *L'ancien droit,* p. 187.

mane (1), et surtout à notre civilisation médiévale. Je ne
fais point allusion à un emprunt direct — il n'en existe
aucune trace, — mais à la possibilité de l'accélération, sous
l'influence d'une législation plus savante, de l'évolution logique du droit romain (2). Le problème se pose à peu près
dans les mêmes termes pour l'histoire du régime successoral que pour l'histoire du système des sûretés réelles. Il y a
lieu de se demander si la transition du gage à l'hypothèque,
de l'exécution testamentaire primitive au testament, n'a
pas été brusquée ou facilitée par la réaction du droit grec.
Mais je m'aperçois que je me laisse entraîner ici sur la pente
glissante de l'hypothèse. Je me hâte de rentrer sur le terrain solide de l'histoire, en analysant les quelques indications que l'examen du § 101 du Commentaire II de Gaius
nous fournit sur les procédés par lesquels s'est opérée à
Rome la substitution du testament à l'exécution testamentaire.

Ce résultat a visiblement été dû à l'effacement progressif
de la *mancipatio familiæ* derrière la *nuncupatio*. Sumner-
Maine (3) s'efforce d'éclairer les relations naturelles de ces
deux opérations par le rapprochement d'une institution de
l'ancien droit anglais, l'*use*, dont l'une des principales utilisations a été de remédier à la prohibition de l'aliénation
par testament de la *real property* et qui, dans cette fonction
particulière, a constitué longtemps une simple variété de
l'exécution testamentaire primitive (4). Investi entre vifs

---

(1) Von Kremer, *Culturgeschichte des Orients*, I, p. 535.

(2) C'est dans cette mesure seulement que le droit romain a
exercé, en notre matière, une réaction sur le droit juif et le droit
musulman. L'acte de dernière volonté talmudique ou islamique
présente, par rapport au testament romain, des différences peut-
être plus saillantes encore que celles qui séparent ce dernier du
testament grec.

(3) *L'ancien droit* (Courcelle-Seneuil), p. 196.

(4) Holmes, *The law quarterly Review*, I, 1885, p. 162 et s. ; —
R. Caillemer, *loc. cit.*, p. 333-335 ; — Williams, *Real property* (18),

par un mode de transfert de la propriété, par un *feoffment*,
l'exécuteur de dernières volontés, le *feoffee to uses* donnait
aux biens momentanément entrés dans son patrimoine,
après la mort du disposant, l'emploi prescrit par celui-ci,
les faisait repasser aux vrais bénéficiaires (1). Il y a eu à
Rome, d'après Sumner-Maine, les mêmes rapports entre la
mancipatio familiæ et la *nuncupatio* que ceux qui, en
Angleterre, se sont jadis établis entre l'acte de transfert de
propriété accompli au profit du *feoffee* et les instructions
concomitantes ou postérieures indiquant à cet homme de
confiance la manière d'opérer l'emploi et la distribution
des biens à lui confiés. Longtemps la déclaration des legs,
la *nuncupatio*, n'a été liée qu'incidemment à la *mancipatio
familiæ*, n'en a pas formé partie intégrante.

L'histoire du droit anglais fournit un autre point de comparaison qui, beaucoup mieux que l'exemple choisi par

p. 163 ; — Pollock et Maitland, *History of english law* (1), II, p. 226
et la longue note p. 231 et s., sur la phrase *ad opus* et l'histoire
primitive de l'*use*. Un autre procédé d'exécution testamentaire appliqué à la *real property* a été fort justement rapproché de l'*use*
par Williams, p. 164-165 et R. Caillemer, p. 335, note 2 ; c'est l'emploi de la *joint tenancy*. Le disposant associe dans la copropriété de
ses tenures, se constitue comme *joint-tenant*, l'intermédiaire auquel il confie le soin d'accomplir ses dernières volontés.

(1) Dans la théorie définitive de l'*use*, la situation du *feoffee*, même
ayant pour mission d'accomplir un testament, s'est différenciée
assez profondément de celle d'un exécuteur testamentaire proprement dit. Le *feoffee* n'a pas dû retransférer, après la mort du disposant au bénéficiaire, au *cestuy que use*, les droits mêmes dont il
avait été investi, mais seulement lui laisser l'*use* de ces droits, leur
usage, leur profit. Il a conservé indéfiniment dans son patrimoine,
pour le bénéfice d'autrui, le *legal estate* : Blackstone (Chompré) III,
p. 220 et s. ; Williams, *l. c.*, p. 166 et s. ; — Goodeve, *Real property* (4), p. 272 ; — James Kent, *Commentaries* (1806), IV, p. 202,
lecture LXI ; — Ames dans *Harvard law Review*, VIII, p. 237 et s.
Mais la théorie de l'*use* n'a pas toujours été aussi rigide (Voir les
documents de la première moitié du xve siècle analysés par
R. Caillemer, p. 334, note 1).

Sumner-Maine, est de nature à nous faciliter la compréhension des phénomènes sous l'action desquels s'est produite la transformation de la *mancipatio familiæ* en testament *per æs et libram*. C'est l'évolution du *Surrender to use of will*. Cette théorie se rattache à l'antique organisation du manoir qui, quoique profondément atteinte par les statuts du xix° siècle, et condamnée vraisemblablement à une proche disparition, survit encore à l'heure présente en Angleterre (1) et au fonctionnement des tenures manoriales inférieures, anciens villenages ou *copyholds* modernes, possessions pour lesquelles les droits et obligations du tenancier sont fixées, non point par la *common law*, mais par la coutume du manoir (2). De l'impossibilité primitive

(1) Pollock, *The english manor* dans ses *Oxford Lectures*, Londres, 1890, p. 112-146 et la traduction de cette étude dans *Introduction à la science politique*. Paris, 1893, p. 382-438. Cf. l'introduction de Maitland en tête des *Select Pleas in manorial Courts (Selden Society)*, 1889 ; — Blakesley, *Manorial Jurisdiction* dans *Law quarterly Review*, t. V, p. 113 et s. ; — Pollock and Maitland, *History of english law* (1), I, 582-624. Sur les origines de cette institution et ses rapports avec la copropriété de village, voir l'article de Maitland, *Survival of archaic communities* dans *Law quarterly Review*, IX, p. 224 et s., — le travail déjà ancien de Nasse, *Ueber mittelalterliche Feldgemeinschaft in England*, Bonn, 1869, le livre de Seebohm, *The english village community*, Londres, 1883, et surtout l'ouvrage fondamental de Vinogradoff, *Villainage in England*, Oxford, 1892. Cf. encore Pollock and Maitland, *History*, p. 614 ; — Kovalewsky dans *Annales de l'Institut international de sociologie*, II, 1896, p. 200 ; — Kemble, *The Saxons in England*, I, p. 213 et s.

(2) Les juristes anglais qualifient habituellement le *copyhold* un *estate at will*, une tenure à la discrétion du seigneur, une possession précaire. Cette définition ne correspond plus depuis de longs siècles à aucune réalité. Il ne faut même pas la prendre à la lettre en ce qui concerne le villenage du Moyen Age : (Vinogradoff, *Villainage*, p. 165-167, 172, 212-215, 297-300 ; — Seebohm, *English village community*, ch. ii, 5-12 et v, 2-7 ; — Pollock and Maitland, *History* (1), I, p. 352-359; — Williams, *Real property* (18), p. 424, 427, 431. Le vilain a tenu à la volonté de son seigneur en ce sens que la cour du roi n'est pas intervenue pour le protéger,

pour le tenancier de céder son droit sans l'assentiment du seigneur (1) est née la nécessité de recourir, pour réaliser l'aliénation entre vifs d'un *copyhold*, à un mode de transfert que l'on retrouve un peu partout en Europe, souvent même appliqué aux tenures nobles, dans la période de pleine floraison de la féodalité (2), la transmission par l'in-

mais l'arbitraire seigneurial a généralement été tempéré assez vite par la formation de coutumes du manoir. De là, la formule de Littleton (*Tenures*, 73, 77) souvent reprise par les modernes (GOODEVE, *Real property* (4), p. 320). L'ancien villenage a tiré son nom actuel, *copyhold* — tenure par copie, dit Littieton, — de l'acte instrumentaire qui permet au tenancier de prouver son droit et qui consiste dans une copie de la partie des registres, des rôles de la cour manoriale, constatant la concession de la tenure à son profit (LITTLETON, 75 ; — SEEBOHM, p. 20-32 ; — VINOGRADOFF, p. 173, 374 ; — WILLIAMS, p. 428, et l'introduction de Maitland aux *Select Pleas in Manorial Courts*). De nombreuses traces de la précarité relative qu'a eue autrefois le titre du *copyholder* subsistent encore dans la structure juridique de cette institution. Sur le fonctionnement actuel du *Copyhold*, qui a été gravement troublé par les actes de 1841, de 1852, de 1887, de 1894 et quelques autres statuts : WILLIAMS, *Real property*, p. 421-466 ; — GOODEVE, *Real property*, p. 320-336.

(1) Le villenage a généralement été très vite transmissible héréditairement. Sur l'histoire très complexe du développement de l'aliénabilité entre vifs de ces tenures : VINOGRADOFF, p. 166, 172, 371-378 ; — POLLOCK AND MAITLAND (1) I, p. 305 ; — WILLIAMS, p. 439-440.

(2) Pour la France : ESMEIN, *Cours élémentaire d'histoire du droit français* (2), p. 212 ; — BRISSAUD, *Manuel d'histoire du droit français*, p. 719 ; — LUCHAIRE, *Manuel des institutions françaises*, 1892, p. 172, 173 ; — GLASSON, *Histoire du droit et des institutions de la France*, IV, p. 326-332. — Pour l'Allemagne, SCHRŒDER, *Lehrbuch* (3), p. 400. — Pour l'Italie, malgré les dispositions des *Libri feudorum*, PERTILE, IV (2) § 145, p. 382, note 63. — Houard, dans sa traduction des tenures de Littleton, t. I (1766), p. 93, note 6 sur la section 73, fait remarquer l'analogie de cette très ancienne pratique de l'aliénation des tenures par *surrender* avec les résignations de bénéfices ecclésiastiques (et d'offices). Sur les antécédents préféodaux de cette théorie, STOBBE, *Handbuch des deutschen Privatrechts* (édit. Lehmann) t. II, 1re partie, p. 369 et s., et l'abondante bibliographie de la note 1 du § 105.

termédiaire du seigneur, *by surrender and admittance*, c'est-à-dire la résignation symbolisée le plus souvent par la remise d'une baguette (*virga*) ou parfois d'autres objets, gant, etc., opérée par le tenancier entre les mains du lord du manoir — en fait de son intendant — avec prière adressée à celui-ci de concéder à nouveau la même tenure aux mêmes conditions et charges au successeur présenté par le résignant (1). C'était seulement à l'instant où le seigneur — ou l'intendant en son nom — délivrait au *surrenderee* (celui en faveur de qui la démission est faite), moyennant paiement d'un droit de mutation, comme signe de son admission en qualité de *copyholder*, la baguette ou le symbole de transmission quelconque qui avait déjà figuré dans la résignation, que la substitution de l'acquéreur dans les droits de l'aliénateur se produisait. Dans la seconde moitié du xv° siècle, Littleton (74) déclare encore que le *copyholder*, qui cède directement sa tenure sans résignation préalable, encourt la commise pour cause de forfaiture (2). Cette procédure archaïque du *surrender* demeure aujourd'hui le mode habituel de transfert des *copyholds*, quoique ayant perdu sa raison d'être primitive, quoique simplifiée, et même dénaturée, par les réformes législatives du xix° siècle qui en ont fait sortir, par une évolution comparable à celle qui s'est poursuivie dans nos anciennes coutumes de nantissement, un système de publicité, — fort imparfait d'ailleurs, — des actes translatifs de *copyholds*, publicité par voie d'inscription sur les rôles de la cour manoriale et complétée par la délivrance au tenancier d'une

(1) Vinogradoff, p. 113; Pollock and Maitland, I, p. 352, 357, 579; — Williams, p. 453. N'exagérons pas, en ce qui concerne les temps anciens, la généralité de ce mode d'aliénation du *copyhold*. Il faut tenir compte de la diversité des coutumes manoriales. Littleton, 74. Blackstone (Chompré) III, p. 292. D'autre part, le *surrender* s'est aussi appliqué jadis à d'autres tenures : Littleton, 79. Blackstone, III, p. 288.

(2) La comparaison s'impose avec nos anciens *fiefs de danger*.

copie de son inscription (1). Quand la liberté de disposer du *copyhold* en vue de la mort s'est développée dans les coutumes manoriales, elle s'est exercée elle-même par la voie traditionnelle du *surrender* et de l'*admittance*. Le *copyholder* n'a pu faire passer la terre à l'héritier de son choix, au *devisee*, que par le canal de son seigneur. Il a dû prendre la précaution de procéder à temps à une résignation, en spécifiant le but poursuivi : obtenir la retranslation de sa tenure, non pas immédiatement, mais seulement après son décès, à l'individu désigné dans l'acte de démission ou à celui qu'il désignerait plus tard dans ses dernières volontés. Le *surrender to use of will* n'est autre chose que l'exécution testamentaire primitive à laquelle sa réfraction dans le milieu féodal imprime une physionomie un peu nouvelle. Aussi les historiens du droit anglais ont-ils souvent comparé le rôle du seigneur dans le *surrender* à celui du *salmann* dans l'affatomie salienne (2).

Entre ces deux opérations, *mancipatio familiæ* et *surrender to use of will*, il existe, il faut le reconnaître, une différence très apparente. Tandis que, dans la première, l'intermédiaire de transmission est librement choisi par le disposant, dans la seconde, il lui est imposé par la coutume. Mais, dès que l'on fait abstraction de cet élément accessoire, la personnalité de l'exécuteur des dernières volontés, on retrouve dans l'une et l'autre, derrière les dissemblances inévitables de cérémonial, le même mécanisme juridique. L'analyse que Blackstone (3) présente du fonctionnement de l'institution anglaise convient aussi bien à l'institution romaine. Toutes deux se décomposent en trois phases ou trois parties : 1° le transfert de propriété du dis-

(1) WILLIAMS, *l. c.*, p. 453-454.

(2) Cf. notamment VINOGRADOFF, *Villainage*, p. 371 et s. La comparaison est plus fréquemment encore instituée avec l'*use* dans son emploi comme succédané du testament. Blackstone (Chompré, III, p. 201) exagérant une idée juste, va même jusqu'à l'identification.

(3) Livre III, ch. XXII. Traduction Chompré, III, p. 288-300.

posant à l'exécuteur — *mancipatio familiæ* ou *surrender* ; — 2° les instructions données à l'intermédiaire sur
l'emploi à assigner aux biens qui lui ont été remis, la déclaration des dernières volontés ; — 3° la retranslation de
propriété par l'exécuteur aux destinataires — mancipations
et traditions définitives, *admittance* du *devisee*. A l'origine,
en Angleterre, de ces trois opérations, seules les deux ex-
trêmes, le *surrender* et l'*admittance*, ont été douées d'effets
juridiques, et à ce titre soumises à un formalisme rigoureux. Seules, elles ont occupé la scène. L'opération intermédiaire, la déclaration des dernières volontés, s'est accomplie dans la coulisse. Elle n'a d'abord été qu'un simple
fait, et non pas un acte comportant un cérémonial spécial
et ayant une vertu juridique propre (1). Le tenancier résignant a dû s'en remettre primitivement, pour l'exécution
de sa *devise*, à la bonne foi du seigneur (2). Mais cette situation s'est modifiée par la consolidation progressive des
droits du *copyholder*. Les coutumes manoriales ont assez
vite imposé au seigneur l'obligation ferme d'accomplir les
instructions du *copyholder* et les cours d'équité sont in-
tervenues pour assurer par une contrainte le respect de
cette obligation (3). L'opération intermédiaire, la déclaration des legs, est devenue ainsi à son tour productrice de
droits et sa valeur juridique s'est constamment accrue à
mesure que des garanties plus efficaces ont été organisées
au profit du *copyholder* contre l'arbitraire des cours manoriales. Le seigneur ne pouvant ni s'opposer à la résignation, ni se refuser à admettre comme tenancier l'individu
désigné soit dans l'acte de démission, soit par les dernières
volontés du résignant, l'esprit populaire s'est peu à peu

______

(1) WILLIAMS, *l. c.*, p. 458.

(2) BLACKSTONE, *Chompré*, III, p. 290.

(3) BLACKSTONE, *l. c.*, III, p. 291-293, p. 296 et, sur le mouvement
général d'intervention des cours royales dans les rapports du *copyholder* et de son *lord*, auquel se rattache ce progrès : WILLIAMS, *l. c.*
p. 432-433.

accoutumé à attribuer à l'opération intermédiaire, aux instructions du disposant, les effets qui, originairement, avaient été produits par les deux autres opérations combinées. Cette conception est déjà nettement dégagée au temps de Blackstone. Mais c'est seulement pendant le xixe siècle qu'elle a produit tous ses fruits et qu'elle a abouti à libérer à peu près complètement le tèstament ayant pour objet un *copyhold* du lien qui le rattachait jadis aux deux cérémonies entre lesquelles il s'encadrait nécessairement. Cette réforme a été réalisée en ce qui concerne le *surrender*, la remise entre les mains du seigneur, par un statut de 1815 (1), en vertu duquel la *devise* de *copyhold* est devenue désormais valable même pour le cas où elle n'aurait été précédée ou accompagnée d'aucune résignation, qui a rendu le *surrender* facultatif en tant que préliminaire de la *devise* et transformé ainsi en une opération autonome, se suffisant à elle-même, ce qui n'avait été d'abord qu'une clause ou un complément du *surrender*. Comme conséquence toute naturelle de cette transformation, le *Wills Act* de 1837 a étendu aux *devises* de *copyholds* l'application des règles destinées à assurer la sincérité et l'authenticité des testaments (théorie de l'*exécution* et de l'*attestation*) (2). Ce même statut a amorcé, d'autre part, la seconde partie de la réforme, en supprimant l'un des principaux intérêts qu'avait le *devisee* à se hâter de solliciter son *ad-*

---

(1) 55 Geo. III, c. 192. Ce statut de 1815, en sous-entendant le *surrender*, en suppléant à son défaut, n'a fait d'ailleurs que généraliser une réforme, accomplie déjà antérieurement par les cours d'équité, mais en vue seulement de cas particulièrement favorables. CHRISTIAN sur BLACKSTONE (trad. Chompré), III, p. 292, note 1 ; — GOODEVE, *l. c.*, p. 328 ; — WILLIAMS, *l. c.*, p. 458.

(2) 7 Will. IV et 1 Vict. c. 26, ss. 2. 3. 4. 5. 9. ; — Cf. JAMES WILLIAMS, *Wills and intestate succession*, 1891, p. 42-43 ; — JOSHUA WILLIAMS, *loc. cit.*, p. 456 ; — THEOBALD, *Law of wills* (5), p. 174, p. 181 ; — HOLDSWORTH AND VICKERS, *Law of succession testamentary and intestate*, p. 30 ; — JARMAN, *A treatise on wills*, 1893, I, p. 56

mittance, en l'autorisant, pour l'avenir, à comprendre dans ses propres dispositions testamentaires, avant même d'avoir obtenu sa réception comme *copyholder*, les *copyholds* à lui légués (1). Le pas véritablement décisif a été fait dans cette voie par le *Copyhold Act* de 1841, qui a décidé que la simple remise au seigneur ou à son intendant d'une expédition du testament pourrait utilement remplacer les formalités plus compliquées du *presentment* et de l'*admittance* et servir de base à une réquisition par le *devisee* de l'inscription de son nom sur les registres du manoir (2). Grâce à cette innovation, complétée sur quelques points de détail par le statut 50 et 51 Victoria c. 73, consolidée encore par le *Copyhold Act* de 1894 (3), il ne subsiste plus guère de la nécessité primitive de la retranslation par le seigneur au *devisee* qu'une méthode particulière de publicité des transmissions testamentaires de *copyholds* (4). Un lent pro-

(1) Joshua Williams, *Real property*, p. 456 ; — Goodeve, *l. c.*, p. 328-329 ; — Jarman, *l. c.*, I, p. 57.

(2) Joshua Williams, *l. c.*, p. 458 ; — Goodeve, p. 326 ; — Statut 4 et 5 Victoria, c. 35, ss. 88-90.

(3) 57 et 58 Vict. c. 46, ss. 84-85.

(4) On retrouve encore une dernière trace, très atténuée de la conception ancienne dans un passage du *Land Transfer Act* de 1897 : 60. 61. Vict. c. 65, ss. 1, 4. Ce statut, qui a réalisé timidement, et un peu à la dérobée, l'une des réformes les plus importantes et les plus heureuses qu'ait jamais subies le régime successoral anglais, l'extension sur la *real property* des pouvoirs des *personal representative* — exécuteurs testamentaires et administrateurs de succession — présente plus que tout autre les défauts habituels au droit statutaire anglais : l'absence de logique, de cohésion et surtout de clarté. C'est ainsi sans doute que s'explique la disposition singulière et quelque peu énigmatique, de ss. 1, 4, qui, au principe que l'exécuteur ou l'administrateur sont investis des *copyholds* du défunt comme des autres éléments de sa *real property*, apporte exception pour le cas où l'admission ou un autre acte du seigneur sont nécessaires pour donner perfection au titre de l'acquéreur. Cf. Robbins, *Devolution of real estate on death under part I of the Land transfert Act 1897*, 2e éd., Londres, 1898, p. 25 ; — Brickdale and Sheldon, *Land transfert Acts 1875 and 1897*, Londres, 1899,

grès des mœurs, activé surtout, pendant le xix° siècle, par l'intervention législative, a donc renversé le rapport originaire des éléments dont s'est composé jadis le *surrender to use of will* ou, plutôt, a éliminé deux de ces éléments. Le *surrender* et l'*admittance* passant d'abord au second plan, puis tombant en désuétude, l'instruction adressée à l'exécuteur a hérité des vertus juridiques du double transfert et est devenue ainsi le testament de *copyhold*.

L'évolution que je viens de retracer, qui s'est poursuivie en Angleterre dans des temps très proches de nous, qui, à l'heure présente, arrive à peine à son couronnement naturel nous fournit, dans ses grandes lignes, une image assez fidèle du mouvement de la pratique romaine qui a progressivement dégagé de la *mancipatio familiæ* le testament *per æs et libram*. Les traditions nationales, résumées dans l'ouvrage de Gaius, ont, en tous cas, conservé le souvenir d'un processus tout à fait analogue. Là aussi, la déclaration des legs paraît bien être restée primitivement en dehors du cercle des actes juridiques dont la coutume réglementait les formes et les effets. Gaius affirme assez clairement l'absence de formalisme dans la dernière phrase du § 103, commentaire II : *Namque olim familiæ emptor... heredis locum obtinebat et ob id ei mandabat testator quid cuique post mortem suam dari vellet.* Ces expressions, dont la portée est éclairée par le contraste du formulaire renfermé dans le § 104, ne peuvent viser que des instructions non solennelles (1). L'absence de vertu juridique n'est pas moins probable. Pour la nier, il faudrait supposer, non seu-

---

p. 242, 258, 264-265, 272 ; — HOLDSWORTH AND VICKERS, *l. c*, p. 30. 178 ; — SYDNEY E. WILLIAMS, *Concise Treatise on the law relating to legal representatives real and personal*, Londres, 1899, p. 73. Pour l'état du droit anglais sur ce point, antérieurement à l'*Act* de 1807 : VAUGHAN WILLIAMS, *Executors and administrators* (9), II, p. 1657.

(1) Même observation pour la fin de l'avant-dernière phrase du § 102 : « cumque *rogabat* quod cuique post mortem suam dari vellet. » Cf. GIRARD, *Manuel*, p. 785 ; — CUQ, *l. c.*, p. 208, texte et notes 2 et 3.

lement — ce qui est très admissible — que la *mancipatio
familiæ* n'est qu'une application particulièrement ancienne
de la *fiducia cum amico* (1), mais aussi — hypothèse dont
l'invraisemblance a été souvent démontrée (2) — que, dès
le temps reculé où s'est constitué notre antique procédé de
réalisation des dernières volontés, la fiducie engendrait
déjà une action en exécution contre l'acquéreur fiduciaire.
La *nuncupatio* verbale ou écrite ne s'est donc introduite
que tardivement dans le cérémonial officiel de la *mancipatio familiæ*. Elle s'y est développée d'abord à côté des formalités anciennes, puis à leur place. A Rome comme en
Angleterre, le public s'est progressivement habitué à chercher dans les déclarations solennelles du disposant la source
des effets juridiques produits primitivement par les deux
transferts qui, perdant ainsi leur raison d'être, étaient, dès
lors, condamnés à une plus ou moins prompte élimination.
De ces deux transferts, l'un, le second — mancipations ou
traditions par l'*emptor familiæ* aux destinataires — a complètement disparu, l'autre, le premier — *mancipatio familiæ* — a perdu sa portée juridique et ne s'est maintenu que
par la force de l'accoutumance comme une formalité désormais vide de sens.

Le § 104 du commentaire II de Gaius nous fournit enfin
un dernier renseignement sur l'histoire de la transformation de l'exécution testamentaire en testament. Ce mouvement a été accéléré par une réaction de la théorie de

(1) En ce sens : Cuo, *Institutions juridiques*, p. 643. La *fiducia cum
amico* a servi, en effet, à l'époque classique à réaliser des opérations
fort analogues : Girard, *Manuel* (2), p. 510, note 3. La détermination
de son rôle et de ses applications ont d'ailleurs soulevé de très vives
controverses. Cf. dans la *Zeits. der Sav. Stif., Rom. Abth.*, les articles de Heck, *Die fiducia cum amico contracta Ein Pfandgeschäft mit
Salmann*, X, 1889, p. 82-138 ; — Niemeyer, *Fiducia cum amico und
depositum*, XII, 1891, p. 297-324 et Goeppert, *Fiducia cum amico contracta*. XIII, 1892, p. 317-356. Cf. encore : *Fadda* dans *Per l'VIII
centenaria della università di Bologna*. Rome 1888, p. 194-197.

(2) Girard, *Manuel*, p. 511, note 5.

l'adoption comme héritier sur la théorie de l'exécution testamentaire. Il suffit, en effet, de parcourir le formulaire du testament *per æs et libram*, tel que nous l'a conservé Gaius, pour prendre immédiatement conscience qu'il a été constitué en partie à l'aide d'emprunts pratiqués dans le cérémonial de l'institution *calatis comitiis*. Les paroles que prononce le disposant en présentant à l'assistance les *tabulæ testamenti* ont visiblement été adressées, à l'origine, non pas à cinq témoins, mais aux *Quirites*, c'est-à-dire à l'assemblée populaire. Il est vrai que la clef de cette particularité pourrait être cherchée dans la conjecture émise notamment par Jhering (1), d'après laquelle la mancipation aurait exigé primitivement le concours du peuple entier. Je ne me dissimule pas que, si l'argument tiré en ce sens de l'identité entre le nombre des témoins de la mancipation et celui des classes dans la constitution de Servius est des plus fragiles (2), l'idée même que la réquisition de l'intervention des témoins instrumentaires doive son origine à une atténuation de l'exigence antérieure de l'intervention de l'assemblée populaire trouve, en revanche, un appui assez fort dans l'histoire comparative (3). Cette conjecture

(1) JHERING, *Geist. des römischen Rechts* (5), I, p. 141 = MEULENAERE, I, p. 143. Pour l'énumération des autres partisans de la même opinion : VIOLLET, *Histoire du droit civil français*, p. 605, note 3.

(2) GIRARD, *Manuel*, p. 280, note 1.

(3) VIOLLET, *l. c.*, p. 606. M. Viollet exagère la précison des renseignements que fournissent à cet égard les coutumes de l'époque franque. La nature primitive de la *Sala* germanique et les origines de l'*Auflassung* judiciaire demeurent encore des problèmes très controversés et fort obscurs (Sur la bibliographie remarquablement riche de cette matière : BRUNNER, *Grundzüge der deutschen Rechtsgeschichte*, 1901, § 47, p. 176-177 et STOBBE (Lehmann), *Handbuch*, II, 1, p. 360, § 105, note 1). Mais, en faveur de l'opinion émise par l'auteur, me paraissent militer : 1° de nombreux indices fournis, non seulement par les coutumes scandinaves sur lesquelles s'appuie M. Viollet (Cf. DARESTE, *Études d'histoire du droit*, p. 293 et 310 ; — BEAUCHET, *Nouvelle revue historique du droit*, 1887, p. 382 ; — LEHMANN, *Die altnordische Auflassung* dans *Zeits. der Sav. Stif. G. A.*, 1884, V. p. 84-110) ; mais surtout par le vieux droit juif (*Genèse*, XXIII.

pourrait peut-être justifier l'invocation du témoignage des *quirites*, mais non pas l'emploi des mots *ita do ita lego ita testor* dans les instructions adressées à l'exécuteur testamentaire. Il y a contradiction manifeste entre ces termes qui impliquent transfert direct et le recours à l'intermédiaire de transmission. La phrase en question n'a pu pénétrer dans le formulaire de la *mancipatio familiæ* qu'au moment où cette institution a commencé à se transformer en testament et elle ne prend un sens précis qu'autant qu'on la replace parmi les cérémonies de la disposition *calatis comitiis* (1).

Ce n'est pas d'ailleurs uniquement dans les formes, c'est aussi dans les règles de fond du testament *per æs et libram* que s'atteste clairement une imitation de l'adoption comme héritier. Les deux adages *institutio heredis est caput et fundamentum testamenti* et *nemo partim testatus, partim intestatus decedere potest*, qui constituent une énigme absolument indéchiffrable et auxquels on chercherait vainement à assigner une raison d'être acceptable, quand on y voit avec quelques auteurs (2) une invention tardive des prudents, contemporaine de l'apparition du testament *per æs et libram*, deviennent, au contraire, très aisément explicables quand on les envisage comme une survivance des modes de dispo-

XXXIII, 19-20 ; — *Ruth*, IV ; — *Jérémie*, XXXIII, 8-14 ; — RAPAPORT, *Der Talmud und sein Recht. Zeits. für verg. R. w.*, XIV, p. 47, note 59 ; p. 132, note 256, p. 137, note 288 ; — HARTMANN, *Das Buch Ruth in der Midrasch-Litteratur*, Francfort, 1901, p. 75-84) et quelques autres systèmes juridiques archaïques ; 2° le rôle primitif des témoins (approbation, autorisation) ; 3° le lien si souvent attesté entre le concours des assemblées populaires, du seigneur ou du juge, des témoins dans les aliénations immobilières et les anciennes formes de propriété collective.

(1) Peut-être aussi une partie de la formule prononcée par l'*emptor familiæ* dans le testament *per æs et libram* : — *et ea quo tu jure testamentum facere possis secundum legem publicam* — a-t-elle été extraite du cérémonial de l'institution *calatis comitiis*. CUQ, *Institutions*, p. 205, note 1 et p. 522.

(2) CUQ, *Institutions*, p. 526.

sition d'hérédité antérieurs aux XII tables (1). Ils se présentent à nous comme les conséquences très naturelles du fonctionnement régulier de l'institution *calatis comitiis*, disposition permettant au citoyen, dont la maison était déserte d'enfants, de se donner, avec l'assentiment du peuple, un continuateur de sa personnalité, un associé qui recueillerait après lui son patrimoine, un *heres suus* artificiel, sans toutefois lui imposer ni la vie commune, ni la soumission à la puissance paternelle, ni l'abandon du *status familiæ* antérieur. La présence de l'héritier institué, dont les prérogatives se modelaient, selon toute vraisemblance, sur celles de l'*heres suus*, avait le même effet que la présence d'un descendant *in patria potestate* ou d'une femme *in manu*; elle empêchait l'anéantissement d'une maison et le retour des biens qui en avaient été la dotation aux associations domestiques sorties de la même souche, aux agnats (2). Tant qu'il restait un copropriétaire, *heres suus* ou institué, pour soutenir sur sa tête la propriété du patrimoine dont le défunt n'avait été en quelque sorte qu'un administrateur à larges pouvoirs, il ne pouvait y avoir place pour la succession *ab intestat* proprement dite, c'est-à-dire pour la dévolution aux agnats. D'autre part, l'institution *calatis comitiis* n'étant admise qu'en l'absence d'héritier sien et pour remédier à cet état de choses, il va de soi qu'aucun concours n'était possible entre les trois ordres de succession, hérédité nécessaire, institution contractuelle et succession *ab intestat*. La règle *nemo partim testatus* doit manifestement son origine au système successoral primitif dont l'esprit ressort si nettement de la disposition souvent citée des XII tables, V, 4 (3) : *si intestato moritur, cui suus heres nec escit, adgnatus proximus familiam habeto*, dès

(1) Girard, *Manuel* (2), p. 772, note 3.

(2) Cf. sur le droit des agnats, Cuq, *Institutions*, p. 200 et les textes cités par lui, note 2.

(3) Cf. dans le *Bulletino dell' Istituto di diritto romano*, Scialoja, III, 1890, p. 176-177 et Bonfante, IV, 1891, p. 96-143 ; VII, 1894, p. 131-201.

que l'on consent, comme nous y invitent les enseignements
de l'histoire comparative, à en accepter l'interprétation la
plus littérale. On comprend facilement aussi qu'il n'ait été
permis d'apporter des exceptions ou des dérogations aux
effets naturels de l'institution d'un héritier, sous la forme
de legs ou de nominations de tuteurs, que dans l'acte même
d'institution, dans la charte successorale accordée par
l'assemblée populaire ; qu'il n'ait point été possible de res-
treindre après coup, *ex post facto*, le droit d'expectative et
le *Beispruchsrecht* nés du vote des comices ; que, d'autre
part, le peuple qui consentait d'ordinaire les mesures nécessaires pour empêcher la destruction d'une communauté
domestique par suite de la mort de son chef sans héritier
sien, ne soit jamais intervenu, à la demande d'un testateur
prévoyant cette destruction et y consentant, pour écarter,
uniquement à l'égard d'un bien particulier, les principes
habituels de la dévolution aux agnats. Les mêmes causes
ont produit des conséquences fort analogues dans le droit
grec où les autres dispositions en vue de la mort n'ont
d'abord été que des clauses de l'adoption testamentaire ou,
du moins, n'ont pu, à l'origine, être réalisées, indépendam-
ment d'une εἰσποίησις, que par des procédés analogues à la
mancipatio familiæ, comme celui que nous fait connaître
le prétendu testament de Xouthias (1).

(1) Dareste, Haussoullier, Reinach, *Recueil des inscriptions juridiques grecques*, 2ᵉ série, 1ᵉʳ fascicule, p. 60-6 . — Signalons aussi,
dans le même ordre d'idées, l'extrême fréquence des stipulations
en faveur de tiers dans nos institutions contractuelles du haut
Moyen Age : Huebner, *Die donationes post obitum und die Schenkungen
mit Vorbehalt des Niessbrauchs im älteren deutschen Recht* dans les
Untersuchungen de Gierke, XXVI, p. 67-73, § 13 ; — Beseler, *Die
Lehre von den Erbverträgen*, II, 1, p. 215, p. 233 ; — R. Caillemer,
l. c., p. 334 ; — et, sur les institutions du droit germanique moderne qui sont issues de ces anciennes pratiques : Hellwig, *Die
Verträge auf die Leistung an Dritte*, Leipzig, 1899, p. 501-670 ; —
Schiffner, *Der Erbvertrag nach dem B. G. B. für D. R.* Iéna, 1900,
§ 18, p. 68-83 (dans les *Abhandlungen zum Privatrecht und Civil-*

L'acclimatation, dans la théorie classique de l'acte à cause de mort romain, de ces deux règles : la nécessité d'une institution d'héritier pour soutenir les dispositions à titre particulier, l'incompatibilité de la dévolution légale et de la dévolution par la volonté du *de cujus*, règles qui, l'une et l'autre, à l'époque où cette théorie s'est arrêtée, avaient perdu leur signification sociale, leur raison d'être économique, démontre assez combien profonde a été l'influence exercée par le contact de l'adoption d'héritier sur les transformations de la *mancipatio familiæ* (1). A cette influence ont été dûs d'importants résultats : la propagation du concept rigide de la succession *in universum jus*, de la représentation active et passive du défunt, que nos législations latines ont emprunté aux compilations de Justinien et dont la plupart d'entre elles n'ont malheureusement point encore réussi à se débarrasser (2) ; le retrait à

prozess de Fischer et *Der Vermächtnissvertrag nach œsterreichischen Recht*, Leipzig, 1891, § 18, p. 99-115.

(1) Cuq, *Institutions juridiques*, p. 521 et s.

(2) Pour l'indication des traits distinctifs de ce concept : Hœlder, *Die Stellung des römischen Erben* dans *Sav. Stiftung. R. A. XVI*, 1895, p. 221-299. C'est surtout par la réglementation donnée à la représentation passive que se caractérise le concept romain qui pèse si lourdement sur nos droits latins. Que devenait, dans la *mancipatio familiæ*, le passif du défunt ? Je laisse de côté cette question. Elle nous entraînerait sur le domaine de la pure conjecture. Elle met d'ailleurs en jeu des problèmes qui ne sauraient être tranchés d'un mot : portée et limites de l'intransmissibilité primitive des obligations, liaison originelle de la représentation passive à la représentation active ou adjonction tardive de la première à la seconde. Dans la plupart des sociétés où il est possible d'observer le fonctionnement de l'exécution testamentaire, soit sous sa forme première, soit sous sa forme dérivée, elle nous apparaît, en même temps qu'un mode de distribution de l'actif, comme un procédé de liquidation des dettes (Voir notamment, pour nos coutumes du haut Moyen Age : R. Caillemer, *loc. cit.*, p. 122-173 ; — pour le droit grec : Schulin, *Griechische Testament*, p. 30 ; — Beauchet, *l. c.*, III, p. 699 ; — pour le droit musulman : Sachau, *Muhammedanisches Recht nach schafiitischer Lehre*, 1897, p. 237.) Il n'est point invrai-

l'*emptor familiæ* de l'aptitude à recueillir et conserver les biens dont le *de cujus* n'avait pas réglé l'application ou dont l'emploi prévu n'avait pu être obtenu, le transport de cette prérogative à l'un — ou à quelques-uns — des destinataires définitifs, à l'héritier testamentaire (1) ; enfin, et surtout, la suppression de l'interposition du *familiæ emp-*

semblable qu'il en ait été de même de la *mancipatio familiæ* romaine. Mais les sources ne nous renseignent pas sur ce point. En tous cas la représentation passive du défunt, telle que la connaît le droit classique, caractérisée par l'obligation *ultra vires*, est certainement étrangère à la *mancipatio familiæ*, comme à toutes les autres variétés de l'exécution testamentaire. Cette théorie, qui tire visiblement son origine de l'organisation primitive de la communauté domestique et de la solidarité familiale, n'a pu se communiquer à la succession testamentaire romaine que par l'intermédiaire de l'institution *calatis comitiis*.

(1) Nous assistons au même phénomène dans nos coutumes médiévales, en observant, de siècle en siècle, la transformation des clauses du testament destinées à régler le sort du reliquat d'actif produit par la liquidation de la succession et après exécution des dispositions particulières ; prescriptions d'emploi du résidu, institutions *in residuo*. Nous y suivons pas à pas la substitution de l'héritier à l'exécuteur testamentaire comme bénéficiaire de la défaillance des legs, la pénétration graduelle de l'institution d'héritier dans le complexus de dispositions particulières greffées sur l'exécution testamentaire (cf. R. CAILLEMER, *l. c.*, p. 476-512). Une évolution analogue s'est reproduite dans des temps plus proches de nous, pour les *wills* de *personalty*, en Angleterre où l'exécuteur testamentaire, après avoir été investi — en l'absence de désignation d'un *residuary legatee* spécial — du résidu, d'abord pour le distribuer, puis pour le conserver pour lui-même, a été transformé en 1830 (Statut 11, George IV et William IV, c. 40) en un *trustee* pour le compte du *next of kin*, a dû désormais répartir le reliquat entre le conjoint et les parents du *de cujus*, conformément aux règles prescrites par le statut *of distribution* pour la liquidation des successions *ab intestat*, à moins d'en être dispensé par une clause spéciale, clause qui, d'après la jurisprudence actuelle, ne produit effet qu'à la condition d'être très formelle : VAUGHAN WILLIAMS, *Executors and administrators* (9), II, p. 1313 et s. ; — JOSHUA WILLIAMS, *Personal property*, p. 442 ; — R. CAILLEMER, *l. c.*, p. 507-511.

tor entre le disposant et les gratifiés dans la série des propriétaires successifs des biens légués, la substitution aux deux mutations anciennes d'un unique transfert (1). Le passage direct de la propriété de la tête du *de cujus* sur celle des héritiers de son choix qui, dans l'institution *calatis comitiis*, était le résultat de l'établissement entre vifs, au profit de l'institué, d'un droit de copropriété sur le patrimoine de l'instituant, ne s'est opéré dans la *mancipatio familiæ* devenu le testament *per æs et libram*, qu'après la mort du disposant, comme au temps où ce passage n'avait lieu que par le canal de l'*emptor familiæ*. Les mancipations et traditions par l'exécuteur des dernières volontés aux destinataires sont tombées en désuétude, mais non sans laisser une dernière trace, l'exigence de l'adition d'hérédité et la théorie de l'hérédité jacente qui, appliquées à l'institué testamentaire à la différence de l'adopté comme héritier, ont rapproché sa situation de celle de l'agnat appelé à la succession *ab intestat*.

Grâce à la réaction de l'acte dit testament comitial sur la *mancipatio familiæ*, le *de cujus* a pu désormais s'assurer des continuateurs de sa personnalité sans être obligé, comme dans l'institution *calatis comitiis*, de leur conférer, de son vivant, des droits immédiats. Le testament *per æs et libram* a hérité du caractère de révocabilité de l'opération qui lui avait servi de prototype, l'instruction adressée à l'exécuteur testamentaire. Il a même comporté à certains égards un plus libre exercice de la faculté de repentir. Le concours du *familiæ emptor* est devenu inutile le jour où ce personnage n'a plus été qu'un comparse, n'a plus acquis aucun droit en vertu de la mancipation. Mais ce progrès fait dans la voie de la révocabilité a été, en grande partie, compensé par l'introduction d'exigences nouvelles.

---

(1) C'est surtout à ce point de vue que le rapprochement de l'histoire du *surrender to use of will* est de nature à éclairer les origines du testament romain.

La révocation des déclarations de dernière volonté a été
soumise à un formalisme plus rigoureux encore que leur
émission. Les effets d'un testament n'ont pu être anéantis
que par la confection d'un testament postérieur qui, lui-
même, pour être valable et produire sur le premier sa
vertu destructive, a dû contenir une institution d'héritier (1). Libre de changer les bénéficiaires de ses dispositions, le *de cujus* est demeuré impuissant, tant que le droit
prétorien n'est point venu corriger les rigueurs du droit
civil, à effacer entièrement les conséquences d'un premier
testament, à restituer leur empire aux principes de la succession *ab intestat*. Cette règle ne tire certainement pas son
origine du fonctionnement primitif de la *mancipatio familiæ*. On y a vu parfois un trait particulier au testament *per
æs et libram*, résultant de l'application à cette nouvelle
opération du principe de correspondance entre les modes
d'établissement et les modes d'extinction des droits. Mais
la méthode qui consiste à chercher la clef de toutes les
singularités du droit romain dans les lois propres de sa
technique juridique m'inspire quelque défiance. Je ne puis
l'accepter que comme un pis aller. Jhering lui-même qui,
par son *Esprit du droit romain*, a tant contribué à la
mettre à la mode, en a senti depuis les dangers et les a si-
gnalés dans ses dernières œuvres. Elle a, en effet, le grave
inconvénient de détourner le romaniste de la recherche des
seules causes vraiment intimes et agissantes qui comman-
dent les phénomènes juridiques, à savoir leurs raisons
d'être sociales et économiques. La mise en œuvre rigou-
reuse de la dite loi de correspondance eût produit d'ailleurs

(1) Telle est du moins l'opinion dominante aujourd'hui et cette
opinion trouve une justification vraiment décisive dans les textes :
GIRARD, *Manuel* (2), p. 814-815 ; — KRUEGER, *Kritische Versuche*, 1870,
p. 1-40 ; — *Zeits. der Sav.-Stif. R. A.*, 1880, I, p. 53-67, et la polé-
mique poursuivie dans ce dernier recueil entre SCHIRMER, 1880, VII,
1 ; 1-14 ; — 1887, VIII, p. 99 et s. et KRUEGER, VII, 2, p. 01-94 ; —
VIII, p. 100 et s.

de tout autres conséquences. Elle eût conduit à l'organisation d'un mode solennel de révocation du testament, comportant l'accomplissement des formalités de la mancipation, nécessitant la présence de l'individu qui avait figuré
dans le testament comme *familiæ emptor*, mais pour jouer,
cette fois, un rôle inverse, le rôle de vendeur fictif. Elle est
impuissante à justifier la dénégation au *de cujus* du droit
de révoquer un testament sans le remplacer par un autre.

Nous sommes encore ici, — il est difficile d'échapper à
cette conclusion — en présence d'un emprunt fait à la théorie des dispositions *calatis comitiis*. La règle en question
cadre fort bien avec la structure générale et surtout avec
la fonction économique de cette antique institution. Le
même motif, — le souci d'éviter la disparition d'une communauté domestique, l'extinction d'un culte privé, l'élimination d'une des cellules de l'organisme social, — justifiait
à la fois et l'admission de l'adoption d'héritier comme
moyen de remédier artificiellement à l'absence d'héritier
sien, et l'interdiction adressée à l'auteur d'une disposition
de ce genre de retirer sa vocation à l'institué choisi d'abord
par lui, sans associer en même temps une autre personne à
la copropriété de son patrimoine, sans désigner un nouveau continuateur éventuel de sa personnalité. Il n'y avait
qu'un seul cas, le cas de survenance d'un *heres suus*, où
l'effacement pur et simple des effets de l'institution *calatis
comitiis* fût désirable. Mais ce résultat était atteint d'une façon beaucoup plus sûre par l'application automatique de la
règle *posthumi adgnatione testamentum rumpitur* qui faisait tomber l'adoption d'héritier quand la cause qui l'avait
provoquée, l'absence d'héritiers siens, venait elle-même à
disparaître. Superflue dans cette hypothèse, la révocation
isolée de la disposition *calatis comitiis* eût provoqué, en
dehors de là, l'anéantissement d'une maison, d'un culte,
d'une unité économique, en supprimant, sans les remplacer, les mesures antérieurement prises, pour conjurer cette
redoutable éventualité. S'il s'est jamais rencontré — ce qui

est presque invraisemblable — tant qu'a duré le régime
successoral si clairement décrit par le texte fameux des
XII tables (V. 4) — des chefs de maison assez peu soucieux
des intérêts de leur *familia* et du bon renom de leur propre mémoire pour poursuivre la réalisation de pareils des-
seins, on s'explique aisément que les assemblées populaires
leur aient refusé tout concours, que la coutume ait dénié
toute efficacité à leur volonté. Tout indique que cette règle
du droit civil, la nécessité d'une institution d'héritier nouvelle pour révoquer l'institution antérieure, a été d'abord
formulée en vue de la disposition *calatis comitiis*.

Je n'oserais toutefois affirmer qu'elle appartienne au fond
primitif de cette théorie. J'ai déjà constaté que, ni les sources
romaines, ni l'histoire comparative ne nous fournissent les
données indispensables pour résoudre ce problème : l'institution *calatis comitiis* a-t-elle été destinée à l'origine à conférer un *codominium* et un droit d'attente successorale absolument indélébiles, ou, au contraire, la successibilité créée
par elle a-t-elle pu être détruite par un concours de volontés
du disposant et de l'assemblée populaire ? Dans son dernier
état, à l'époque où elle a collaboré par son influence au
dégagement de la notion de l'acte de dernière volonté, l'institution comitiale, déjà peut-être profondément dénaturée
par une transformation dans son cérémonial semblable à celle
qui nous est attestée pour l'adrogation, la disparition de l'intervention effective de l'assemblée populaire, comportait sans
doute une certaine faculté de repentir. Mais en a-t-il toujours été ainsi ? Rien ne le prouve. Il existe même une raison de douter. Les actes appartenant à la même famille que
le prétendu testament comitial, dont le jeu peut être étudié
dans d'autres civilisations, tendent généralement à donner
à l'institué entre vifs ou à l'adopté comme héritier, sur le
patrimoine du disposant, des droits, sinon identiques, du
moins très semblables à ceux que la coutume reconnaît aux
descendants ou, en général, aux membres actifs de la communauté domestique sur la fortune du chef de maison. Or,

j'ai précédemment signalé, à la suite de Schirmer, toute une série de particularités du droit classique qui, à la lumière de l'histoire comparative, se révèlent comme de très claires survivances d'un régime antérieur où le titre de l'héritier sien était à l'abri des atteintes du *de cujus*, ne pouvait être entamé par des dispositions en vue de la mort. La théorie de l'exhérédation, dont les lignes n'étaient point encore pleinement fixées au temps de la jeunesse de Cicéron, est d'origine relativement récente. Si elle s'est développée, ce qui est possible, dès avant la constitution du testament *per æs et libram*, dans les dispositions *calatis comitiis*, ce ne peut être que par suite d'une déformation de cette institution, au contact de l'exécution testamentaire. L'emploi de la *mancipatio familiæ* permettant de paralyser les effets de la successibilité nécessaire de l'héritier sien, d'éluder l'application de son droit d'opposition, les Romains se sont peu à peu habitués à concevoir la vocation de l'*heres suus* comme susceptible d'être éteinte par une expropriation édictée par le chef de famille, et des clauses destinées à atteindre ce but se sont introduites déjà peut-être dans le formulaire de la disposition comitiale. L'admission de la possibilité d'exhéréder indirectement l'héritier institué en formulant, au profit d'une autre personne, une nouvelle institution, n'a-t-elle pas été due aussi à une réaction de la *mancipatio familiæ*, théorie qui, dès l'origine, avait ouvert accès au profit du disposant à la faculté de repentir ? Les sources sont muettes à cet égard. Je dois me borner à poser un point d'interrogation.

L'influence de l'institution *calatis comitiis* sur l'évolution de la *mancipatio familiæ* n'a pas été uniquement bienfaisante. Si elle a hâté la marche naturelle du mouvement d'idées, qui tendait à transporter à l'instruction adressée à l'exécuteur testamentaire les effets primitivement attachés au double transfert que l'emploi d'un *familiæ emptor* permettait d'opérer, elle a, en revanche, encombré la doctrine du testament d'une série de règles dont quelques-unes —

la rupture par survenance d'héritier sien, par exemple (1)
— y ont produit des effets infiniment plus étendus que ne
l'exigeait la défense des intérêts légitimes qu'elles parais-
saient destinées à sauvegarder ; dont d'autres, beaucoup

(1) Le seul motif que l'on puisse invoquer pour expliquer ration-
nellement la transplantation de cette théorie dans la matière du
testament, à une époque surtout où déjà se développait l'emploi de
l'exhérédation comme moyen d'exclure les *sui heredes*, — à savoir
que le testateur n'eût probablement pas formulé les dispositions
testamentaires s'il avait prévu la survenance d'un *heres suus*, — est
impuissant à justifier les effets brutaux de la rupture du testament.
N'oublions pas, en effet, qu'à l'origine le testateur, alors même
qu'il envisageait cette éventualité, n'avait aucun moyen d'empêcher
la rupture. *Gaius*, II, 140-141. La considération que je viens de signaler n'eût pu conduire qu'à l'organisation de mesures analogues
à celles qui sont édictées dans l'article 888 du Code civil italien
(cf. PACIFICI MAZZONI, *Codice civile italiano commentato* (éd. Anau),
VIII, 1880, p. 417-432 ; — CESARE LOSANA, *Delle successioni testamentaire* (Extrait de *Il digesto italiano*), p. 350 et s.), ou surtout dans
l'article 2079 du Code civil allemand. « Une disposition de dernière volonté — dit cet article 2079, dont le fondement ressort suffisamment de la place même qui lui est assignée parmi les dispositions sur l'annulabilité du testament pour cause de vices dans la
volonté du testateur — peut être attaquée, lorsque le *de cujus* a
omis un légitimaire existant à l'époque de l'ouverture de la succession dont l'existence ne lui était pas connue lors de la confection
de la disposition, ou qui n'est né ou devenu légitimaire que depuis
cette confection. L'action en annulation est fermée quand il y a
lieu d'admettre que le testateur aurait pris la disposition même en
connaissance de l'état de choses. » Le droit d'agir en nullité n'appartient d'ailleurs, art. 2080, 3°, qu'au légitimaire victime de l'omis-
sion involontaire. Sur le lien de filiation historique existant entre
cette disposition du nouveau code, qui a trouvé des précédents et
des points d'attache dans les législations antérieures d'états allemands (FRIEDRICH MOMMSEN, *Entwurf eines deutschen Reichsgesetzes
ueber das Erbrecht*, p. 476-479, p. 481 : Code civil saxon, 2601 ; —
Preussisches Landrecht, II, 2, § 450-455, II, 1, § 444, 1 ; — DERNBURG,
Lehrbuch des preussischen Privatrechts, 4ᵉ éd., 1896, III, p. 611-614,
§ 208 ; — FOERSTER ECCIUS, *Preussisches Privatrecht*, 7ᵉ éd., 1897, IV,
p. 474, § 256, VI) et la théorie romaine de la rupture du testament
par survenance d'héritier sien voir : *Protokolle der Kommission für*

plus nombreuses — notamment la nécessité d'une institution d'héritier pour soutenir les dispositions à titre particulier, l'incompatibilité de la dévolution *ab intestat* et de la dévolution testamentaire, l'interdiction de détruire un testament, sans en confectionner un autre — n'y conservaient plus aucune raison d'être vraiment sérieuse. C'est seulement quand on replace ces théories dans le milieu où elles sont nées, quand on les rattache au régime successoral évoqué par les XII tables (V, 4) et aux adoptions d'héritier formulées devant les comices par les chefs de maison dépourvus de *sui heredes*, que l'on peut saisir les causes économiques et sociales qui en ont provoqué l'établissement. Elles apparaissent inévitablement comme un produit artificiel de la science juridique à quiconque s'imagine que le testament a existé de tous temps à Rome.

Ce n'est pas d'ailleurs uniquement dans l'histoire des dispositions de dernière volonté que s'accuse ce respect aveugle du passé, qui entraînait la jurisprudence romaine à maintenir indéfiniment l'application de cérémonies ou de

die *zweite Lesung D. E. d. B. G. B.*, V, p. 52-58 ; — *Motive zu dem Entwurfe e. B. G. B.*, V, p. 50-53 ; — SCHIFFNER, *Pflichttheil, Erbenausgleichung und die sonstigen gesetzlichen Vermächtnisse nach B. G. B.* Iéna, 1897, p. 4-7 ; — STROHAL, *Das deutsche Erbrecht auf Grundlage des B. G. B.*, 2ᵉ éd., Berlin, 1901, p. 162, § 41 ; — MEISCHEIDER, *Die letzwilligen Verfügungen nach B. G. B.* Leipzig, 1899, p. 149 ; — ENDEMANN, *Lehrbuch des bürgerlichen Rechts*, 1899, III, p. 210, § 492 *b* ; — ENNECCERUS et LEHMANN, *Das bürgerliche Recht*, II, 1900, p. 563. Cette doctrine romaine, dont l'influence se fait encore beaucoup trop sentir à l'heure actuelle dans certaines législations (par exemple Code civil autrichien, art. 777-778 ; Code civil portugais, art. 1760 et, surtout, Code civil espagnol, art. 814) me paraît avoir été ramenée par la nouvelle codification allemande aux proportions exactes qu'elle comporte dans son application au testament. La réaction contre la tyrannie des idées romaines a été poussée trop loin par le Code français, art. 1046, et le Code de Zurich, art. 1049, qui, en écartant purement et simplement la rupture pour cause de survenance d'enfant, ont risqué de faire produire parfois au testament des effets qui excèdent la volonté du testateur.

pratiques qui avaient perdu depuis longtemps toute signification. Il n'est peut-être pas une seule théorie du droit
classique dont la réglementation ne contienne le même mé-
lange, d'une part, de solutions dues à une nette perception
de sa structure économique, de ses conditions de bon fonctionnement et, d'autre part, de dispositions devenues purement arbitraires, empruntées aux institutions oubliées qui
l'avaient précédée dans l'usage. Ce phénomène, il est vrai,
se reproduit avec plus ou moins d'intensité dans tous les
milieux possibles, et c'est surtout grâce à lui que l'historien
peut d'ordinaire pousser son enquête sur l'évolution interne
d'une législation un peu au delà de la période historique. Il
nous est aisé de l'observer encore dans nos sociétés contem-
poraines. Mais le droit romain est certainement, avec la
common law anglaise, l'un des systèmes juridiques où il a
eu le plus d'acuité. C'est là, à mon sens, qu'il faut chercher
l'une des principales causes de l'étroitesse et des vices si
apparents de cette forme artificielle de la technique juridique que l'éducation romaine a développée dans l'Europe
chrétienne, dont les pandectistes se sont fait de nos jours
les conservateurs, et à laquelle un nouvel aliment est fourni
présentement par l'interprétation et la mise en œuvre de la
partie générale du Code civil allemand, qui, malgré quelques
retouches heureuses réalisées par la commission de rédaction du second projet, conserve encore l'empreinte beaucoup trop accusée de tous les défauts de la romanistique.
Quand nos juristes, à la suite de la renaissance bolonaise,
se sont habitués à envisager le droit romain comme l'idéal
juridique invariable, comme la *raison écrite*, et ont abordé
l'étude de cette législation, non pas avec l'esprit de libre
examen et de discussion du savant, mais avec l'esprit de
soumission du théologien et de l'apologiste, il leur a fallu
trouver une justification rationnelle de ces innombrables
survivances qui ne comportaient que des explications historiques. Il était inévitable que l'entraînement continu à une
discipline aussi factice développât de plus en plus chez celui

qui s'y livrait le goût de la spéculation et de la scholas-
tique, la recherche de la subtilité, le mépris des contingences
de la réalité, l'inconscience des rapports indissolubles qui
relient le droit aux autres manifestations de la vie sociale,
tous les vices caractéristiques de la méthode du pandec-
tiste.

Il est infiniment plus facile de démêler les principales in-
fluences dont l'action combinée a provoqué la substitution
du testament à la *mancipatio familiæ* que de localiser,
même approximativement, cette réforme dans le temps. Il
semble toutefois que le mouvement que je viens de retracer
était peu avancé à l'époque de Plaute. Sans doute les allusions aux institutions juridiques, que renferme l'œuvre de
Plaute, manquent trop souvent de précision, et il est à
craindre que quelques-uns des passages qui les contiennent
ne soient empruntés aux modèles grecs suivis par le comique
latin et ne se réfèrent, par conséquent, à d'autres législations (1). Mais, cependant, les indications qui s'en dégagent
en notre matière sont assez conformes aux solutions auxquelles nous a conduit la critique de la tradition. Il en résulte que, à la fin du iiie ou au début du iie siècle avant notre
ère, l'usage de l'institution d'héritier n'était encore développé que pour le cas d'absence d'*heres suus* (2); que la dé-

---

(1) Pour l'analyse des discussions auxquelles ce problème a
donné lieu : PERNARD, *Le droit romain et le droit grec dans le théâtre
de Plaute et de Térence*. Thèse de Lyon, 1900, et les comptes rendus
de CH. APPLETON dans *Revue générale du droit* et HUVELIN dans *Nouvelle revue historique du droit*.

(2) COSTA, *Il diritto romano nelle comedie di Plauto*, Turin, 1890,
p. 233, note 113. M. Costa invoque en ce sens le prologue du *Pœnulus*, 68-70 :

> Quoniam periisse sibi videt gnatum unicum
> Conicitur ipse in morbum ex ægritudine
> Facit illum heredem fratrem patruelum suom.

dont il rapproche les vers 109-110 et 120-121 du même *Pœnulus* V,2 :

volution de la succession par la volonté du *de cujus* demeurait, en fait, l'exception ; que la succession légitime était la

> Pater tuos, iserat frater patruelis meus,
> Et is me heredem fecit, quom suom obiit diem
> . . . .
> Paterna oportet filio reddi bona
> Æquomst habere hunc bona quæ possedit pater.

Je ne crois pas qu'on puisse tirer un argument solide de ces textes. Le mot *heredem facere*, qui y revient à deux reprises, ne me paraît pas y avoir un sens technique. Il doit être traduit *laisser comme héritier* plutôt que *faire héritier*. L'individu qui bénéficie de l'absence du fils et qui caractérise les conséquences qu'a eues pour lui la mort du *de cujus* par les mots *heredem facere*, est le *proximus adgnatus*, celui dont la disparition de l'enfant faisait le plus proche successible apparent. Il semble y avoir ici, aussi bien que dans les textes rassemblés par Costa, p. 228 et s., une allusion, non point à l'institution d'héritier, mais au fonctionnement du principe de la dévolution aux agnats en l'absence d'*heredes sui* et d'adoptions d'héritier. — Même remarque pour le passage du *Curculio*, V, 2, 37-40.

> Pater meus habuit Periphanes......
> Is prius quam moritur dedit mihi tanquam suo,
> Ut æquum fuerat, filio.....
> Et isti me heredem fecit.

Je considère comme beaucoup plus probante la scène du *Miles Gloriosus*, III, 1, 110-121 où Périplectomenus énumère les avantages qu'il trouve à n'avoir point d'enfants, où il nous montre ses parents multipliant, pour s'assurer sa succession, les cadeaux et les invitations à dîner. S'il était certain que cette description n'eût point été empruntée par Plaute à son modèle grec, elle prouverait la persistance, jusqu'à la fin du III° siècle, de la distinction formulée par l'adage des XII tables (V, 4) entre les *sui heredes*, successeurs qui s'imposent au chef de famille, et les agnats appelés à sa succession en l'absence seulement de désignation régulière d'un héritier de la volonté.

On arguerait vainement en sens contraire de la *Mostellaria*, I, 3, 76-77.

> Utinam nunc meus emortuos pater ad me nuntietur
> Ut ego exheredem meis bonis me faciam atque hæc sit hæres.

situation habituelle (1); que l'adoption restait le procédé de
beaucoup le plus employé de création artificielle de continuateurs de la personne (2).

Au seuil de la période historique nous retrouvons,
quoique pâlis et atténués, les principaux traits caractéristiques du régime successoral d'où sont issues les institutions
précédemment étudiées. Quant aux très rares passages qui

Il est évident que le mot *exheredem* n'a point ici le sens technique
que lui donnent les sources classiques. Philolaches exprime simplement le désir de voir s'ouvrir à l'instant la succession de son
père pour pouvoir la dilapider et l'employer au profit de sa maî-
tresse. S'il y a là une allusion vague à l'exhérédation réalisée par le
père de famille, elle ne peut viser que l'exhérédation indirecte qui
résultait, soit de la *mancipatio familiæ*, soit plutôt des aliénations
consenties par le père. Le mot *exheredem facere* a ici le même sens
que dans quelques dispositions des coutumes germaniques, notamment les chapitres LXII-LXIV de la *Lex Saxonum*. Il faut renoncer à
tirer de l'inspection de l'œuvre de Plaute les éléments de solution
de ce problème obscur : la théorie de l'exhérédation n'est-elle née
qu'avec le testament proprement dit ou s'est-elle développée dans
l'institution *calatis comitiis* au contact de l'exécution testamentaire.

(1) Costa, *l. c.*, p. 232, et les textes tout à fait probants rassemblés
p. 228 et s. Le souvenir des mêmes idées s'est conservé dans
l'adage rapporté par un contemporain de César, *Publilius Syrus*,
sent. 323.

Mage fidus heres nascitur quam scribitur,

Cf. Bekker, *Die römischen Komiker als Rechtszeugen* dans *Zeits. d.
Sav. Stif. R. A.*, XII, 1892, p. 76. Cette prééminence de la succession
ab intestat est encore plus frappante dans l'œuvre de Térence,
comme le montrent les citations rassemblées par Costa, *Il diritto
privato romano nelle comedie di Terenzio* dans *Archivio giuridico*,
1893, L, § 23, p. 470-471. Mais les chances de référence au droit
grec deviennent trop nombreuses chez Térence, pour permettre
d'étayer des conclusions positives.

(2) *Menaechmi*, prologue 60-62 ; *Pœnulus, prol.* 76-77 ; IV, 2, 17, 76-
77. Le même phénomène est très marqué dans les comédies de Térence : voir dans Costa, *Archivio giuridico*, L, 1893, d'une part,
p. 458, de l'autre, p. 470-471. Mais il peut s'y expliquer aussi bien
par le droit grec que par le droit romain.

font mention de libéralités en vue de la mort, quoiqu'ils ne nous décrivent point les formes employées pour réaliser ces libéralités, ils paraissent bien se référer aux anciens modes de disposition d'hérédité, antérieurs à l'apparition du testament proprement dit, et particulièrement à l'adoption d'héritier (1).

(1) Costa, *l. c.*, p. 233, § 50 *a*, relève, dans l'œuvre de Plaute, trois allusions au testament :

La première : *Asinaria*, II, 2, 40.

Istoc testamento Servitus legat tibi,

est vraiment trop vague. Leonida rappelle à son compagnon d'esclavage Libanus les inconvénients de leur condition. Ils sont un legs de la servitude. Cette image atteste l'existence de legs, de dispositions en vue de la mort, mais sans nous en indiquer la nature et l'origine. L'emploi du mot *testamentum* est en lui-même sans intérêt. Cette expression a certainement été usitée longtemps avant de prendre le sens spécial que lui assignent les définitions d'Ulpien et de Modestin. La même étiquette s'est appliquée sans doute aux divers types de disposition d'hérédité qui se sont succédé, institution comitiale, *mancipatio familiæ* et testament, ce qui explique que les classiques aient pu les confondre.

La seconde, *Miles Gloriosus*, III, 1, 113 :

Mea bona in morte cognatis dicam, inter eos partiam,

est l'objet d'interprétations les plus divergentes. Le texte qui la contient n'est pas déchiffré de la même manière par tous les éditeurs (Costa, p. 233, note 113). Quelques-uns lisent *didam* au lieu de *dicam*; d'autres *partiant* au lieu de *partiam*. Il me semble que cette phrase, éclairée par son contexte, replacée dans l'ensemble de la conversation entre Periplectomenus et Palaestrio, dont elle est détachée, ne vise point une opération juridique déterminée, mais une situation de fait. Periplectomenus qui, en l'absence d'enfants, pourrait se donner un héritier de son choix, promettra à ses successibles *ab intestat*, — *cognatis* ne me parait point avoir ici de sens technique, — de leur laisser parvenir ses biens à sa mort. Ils se les partageront après lui (*partiant*). La crainte d'une adoption d'héritier ou d'une *mancipatio familiæ*, toujours possible, entretiendra entre eux une salutaire émulation dans le souci de conserver les bonnes

Je verrais volontiers, en revanche, un symptôme dénonçant que notre mouvement est entré en pleine activité dans les réformes législatives qui se sont produites au cours de la première moitié du II° siècle, dans les lois Furia et Voconia. La loi Voconia remonte, d'après Cicéron (1), à l'année 169. La date de la loi Furia ne nous est pas

grâces du parent à héritage. Mais si l'on veut y voir, — explication, à mon sens, beaucoup moins plausible, — l'indication du projet chez Periplectomenus de distribuer ses biens pour le jour de son décès entre ses successibles, il est difficile de méconnaître que cette prétendue opération juridique ne présente le caractère d'actualité commun à tous les anciens modes de disposition d'hérédité.

La troisième allusion, *Pœnulus*, IV, 2, 17,

> Omnia edepol mira sunt, nisi erus hunc heredem facit,

est beaucoup plus suggestive. Incontestablement, elle suppose la possibilité pour le maître d'instituer son esclave comme héritier. Mais par quel procédé ? Si le passage en question est muet sur ce point, le Pœnulus lui-même ne l'est pas. Il prévoit, en d'autres endroits, avec plus de détails, la même opération, concession par le maître à son esclave, du droit de lui succéder, et cela non seulement dans son prologue 73-77.

> Emit......... imprudens senex
> Puerum illum eumque adoptat sibi pro filio
> Eumque heredem fecit, quom ipse obiit diem,

mais aussi, et surtout, dans la même scène, IV, 2, 82.

> Is in divitias homo adoptavit hunc quom diem obiit suum.

Les trois textes semblent bien viser la même institution. Dans les deux derniers, Costa croit reconnaître l'adoption testamentaire (*Archivio giuridico*, 1893. L, p. 519 ; — cf. PERNARD, *l. c.*, p. 92.) J'y retrouve, pour ma part, l'institution *calatis comitiis* et je chercherais vainement une meilleure définition de l'*adoptio in hereditatem* que celle qui est fournie par Plaute dans la scène 2, acte IV, vers 82 : *adoptio in divitias*. Le thème du Pœnulus est aussi explicable par référence au droit romain que par référence au droit grec.

(1) *De senectute*, V, 14.

connue ; mais les romanistes la localisent généralement, par référence à deux autres lois, la loi Cincia et la loi Voconia, entre les années 204 et 169 av. J.-C. Il est vraisemblable qu'elle se rapproche beaucoup plus de la seconde que de la première de ces dates ; la comparaison du théâtre de Plaute est, du moins, de nature à le faire croire. Je renonce à tirer aucun argument de la raison d'être assignée à ces deux lois par Gaius II, 224 — préoccupation d'empêcher que les héritiers institués ne se refusent à l'adition d'hérédité par crainte des charges ; — ce qui impliquerait l'existence dès avant ces lois d'institutions d'héritier du type testamentaire, n'entraînant, du vivant du disposant, aucune association à la copropriété de son patrimoine. Il y aurait, en effet, quelque naïveté à accepter, comme témoignages authentiques, les renseignements fournis par un contemporain d'Antonin le Pieux et de Marc-Aurèle, sur les circonstances qui ont provoqué l'émission de lois du iie siècle avant notre ère, abrogées ou tombées en désuétude à son époque. Et d'ailleurs, il est trop visible que, dans les §§ 224-227 du Commentaire II, Gaius se préoccupe avant tout d'éclairer les origines et la portée du plébiscite en vigueur de son temps, la loi Falcidia, et il est à craindre que l'explication collective donnée aux trois lois Furia, Voconia et Falcidia, ne convienne qu'à la dernière. Mais un indice utile peut être relevé, sinon dans les dispositions de la loi Furia, du moins dans celles de la loi Voconia, dont le contenu nous est relativement mieux connu, puisque nous pouvons contrôler, en ce qui la concerne, les assertions de Gaius (1) par le témoignage, un peu plus solide, d'un écrivain qui a vécu à une époque où ce texte n'était pas encore sorti de l'application (2).

Lo loi Voconia est, nous dit-on, venue défendre aux ci-

----

(1) II, 226, 274.
(2) CICÉRON, *In Verrem*, II, 1, 41-43.

toyens, inscrits sur les registres du cens pour plus de cent mille as, d'instituer comme héritières des jeunes filles ou des femmes (1). Elle a, en outre, interdit aux mêmes personnes (2) de tourner l'incapacité édictée à l'encontre des femmes, en formulant, en leur faveur, des legs supérieurs au montant de l'émolument recueilli par l'héritier institué. Il est fort vraisemblable que les causes qui ont provoqué la prescription principale de la loi Voconia n'ont pu naître qu'avec le développement du testament proprement dit. Dans l'exécution testamentaire il n'y avait pas place, à côté de l'*emptor familiæ*, pour un autre type de successeur universel. Quant à la disposition *calatis comitiis*, ses formes mêmes ont dû empêcher la femme, qui n'avait pas l'accès des comices, d'y figurer au nombre des acteurs principaux, comme bénéficiaire de *l'adoptio in hereditatem*. Les mêmes motifs, qui rendaient impossible l'adrogation de la femme (3), conduisaient à lui dénier la faculté d'être instituée *comitiis calatis* (4). C'est seulement quand la personnalité de l'*emptor familiæ* s'est effacée, quand l'importance prise par la *nuncupatio* a fait oublier le rôle primitif des deux transferts, que des institutions d'héritier ont pu se glisser dans les instructions adressées à l'exécuteur testamentaire et, grâce à cette libération des formes de l'*adoptio in hereditatem*, être édictées même au profit de femmes. Il semble donc bien que la loi Voconia ait eu pour but de remédier aux troubles apportés dans l'organisation sociale par l'apparition du testament. En tous cas, il est bien cer-

(1) Cicéron, *In Ver.*, II, 1, 42 : « ne quis heredem virginem neve mulierem faceret » ; — *Gaius*, II, 274.

(2) Pris à la lettre, le § 226 du commentaire II de Gaius, paraît assigner une portée plus générale à la seconde disposition de la loi Voconia. Mais la nécessité de rectifier ce passage de Gaius est suffisamment démontrée par les affirmations très nettes de Cicéron. *In Ver.*, II, 1, 43 : *Quid si plus legarit, quam ad heredem heredesve perveniat quod per legem Voconiam ei, qui census non sit, licet.....*

(3) *Gaius*, I, 101.

(4) Cf. Cuq, *Institutions juridiques*, p. 541.

tain que, vers la fin de la première moitié du n° siècle, les dispositions de dernière volonté sont devenues infiniment plus fréquentes et que leur fonctionnement a subi des transformations assez profondes pour nécessiter l'intervention répétée du législateur. A ces indices ajoutons, pour mémoire, l'indication moins précise et moins sûre — qui, isolée, ne saurait forcer ma conviction — fournie par un passage du *De oratore*, I, 53, que l'on signale généralement comme attestant l'existence en 149 du testament *per æs et libram* dans sa forme définitive (1). Je constate enfin que, dans l'œuvre entière de Cicéron, le testament apparait comme une institution solidement implantée dans la pratique, ayant déjà reçu la consécration du temps. Il existe donc d'assez nombreux motifs de placer vers la fin de la première moitié du n^e siècle avant notre ère le point culminant du mouvement que j'ai essayé de retracer ; le moment où le testament s'est dégagé des liens de la *mancipatio familiæ*, où la civilisation romaine s'est ouverte au concept classique de l'acte à cause de mort.

Le testament conservera encore longtemps la marque de ses origines. Le souvenir du caractère d'acte entre vifs qu'avaient eu les institutions dont il est dérivé, pèsera sur lui pendant plusieurs siècles. De même que, bien après la renaissance bolonaise et la pénétration des conceptions romaines dans nos coutumes de l'Europe occidentale, les testateurs ont continué, en maintes régions, à ensaisiner leurs exécuteurs, à opérer entre leurs mains la tradition du testament (2), à les faire assister et collaborer à la rédaction

---

(1) GIRARD, *Manuel* (2), p. 786, note 3 ; — CUQ, *Institutions*, p. 521.

(2) *Grand coutumier de France* (DARESTE et LABOULAYE), II, 19 ; — BEAUTEMPS-BEAUPRÉ, *Coutumes et institutions de l'Anjou et du Maine*, IV, p. 221, texte L, n° 182 ; — MARNIER, *Établissements et coutumes, assises et arrêts de l'échiquier de Normandie*, p. 197 ; — *Baumgartenberger Formelbuch* (éd. Bärwald), p. 65. Ces clauses de tradition se retrouvent très habituellement dans les *Testaments enregistrés au Parlement de Paris sous le règne de Charles VI*, publiés par Tuetey.

de leurs dernières volontés, en quelque sorte comme des cocontractants (1) ; de même que, dans le droit musulman, l'usage, pour le disposant, de solliciter des exécuteurs choisis par lui une acceptation entre vifs et définitive de leur mission, a survécu à la reconnaissance officielle des dispositions testamentaires (2) ; de même aussi l'accomplissement des cérémonies de la *mancipatio familiæ* est demeuré le préliminaire indispensable de la déclaration solennelle des institutions et des legs pendant les premières phases de l'histoire du testament. Et ceci est d'autant plus frappant que l'exécution testamentaire a perdu tout rôle économique, à partir du jour où est apparue la notion classique de l'acte de dernière volonté. L'exécution testamentaire n'est jamais parvenue à Rome à sa seconde forme. Après y avoir rempli sa fonction naturelle d'instrument de transition entre l'adoption d'héritier et le testament, elle n'y est pas devenue, comme dans notre droit canonique, dans les droits musulman, hébraïque, grec,

---

— Pour l'analyse détaillée des renseignements fournis à cet égard par les chartes médiévales : R. CAILLEMER, *Origines et développement de l'exécution testamentaire*, p. 323-331.

(1) R. CAILLEMER, *l. c.*, p. 319-321 ; — POLLOCK et MAITLAND, *History of english Law* (1), II, p. 338 ; — *Law quarterly Review*, VII, p. 66 et s.

(2) L'importance de cet usage est suffisamment démontrée par les dispositions que lui consacrent un grand nombre de coutumiers. Il n'y a pas accord entre les diverses *madahib* orthodoxes en ce qui concerne sa légitimité : reconnue par l'école hanéfite qui déclare irrévocable l'acceptation donnée par l'exécuteur du vivant du disposant (HAMILTON-GRADY, *Hedaya*, p. 697), elle est rejetée par l'école Shafi'ite (*Minhâdj at-Talibin* — trad. Van den Berg — II, p. 282). La grande secte dissidente des Shî'ites a, sur ce point, un système original. Tant que le testateur vit, l'exécuteur testamentaire peut répudier sa mission à condition de déclarer son refus à l'intéressé. Après la mort du disposant, la répudiation n'est plus possible (QUERRY, *Droit musulman*, trad. d'El-Mokkekkik, I, p. 629.) La même pratique se retrouve dans nos coutumes médiévales : BEAUMANOIR (Salmon), XII, n° 392 et les textes cités par R. CAILLEMER, *l. c.*, p. 321.

une des pièces de rechange du mécanisme testamentaire.
La règle *institutio heredis est caput et fundamentum testamenti* a empêché qu'elle ne subît cette métamorphose habituelle, en imposant au testateur l'emploi d'un type rigide
et uniforme de liquidateur de succession, d'exécuteur de
ses volontés, l'héritier institué. Quoique son intervention
n'eût plus aucune raison d'être, l'*emptor familiæ* n'a pas
cessé de figurer dans le cérémonial des dispositions de
dernière volonté. On a très justement fait remarquer aussi
que les règles, déterminant les conditions auxquelles de-
vaient satisfaire les témoins de la *mancipatio familiæ*, se
sont transmises sans modification au testament *per æs et
libram*. L'incapacité d'être témoin a frappé les personnes
en la puissance, non pas, comme cela eût été logique, du
principal intéressé, de l'institué, mais de l'*emptor familiæ* (1). Dans ces traits artificiels du mode de tester propre
au vieux droit civil, s'est incarnée la mémoire du lien de
filiation qui relie le testament à l'exécution testamentaire.

La réaction contre cette superstition du passé qui obli-
geait les testateurs à répéter indéfiniment des cérémonies
dépourvues de sens, a commencé dès le cours du 1er siècle
avant notre ère. Elle s'est traduite par l'invention incontestablement antérieure à l'année 74 (2), du testament prétorien
dans lequel est disparue la mancipation fictive. Mais cet
acte n'a d'abord reproduit que fort imparfaitement les
effets du testament civil. Même après la réforme d'Antonin
le Pieux, qui a donné au principal bénéficiaire de cette disposition un moyen de défense contre les actions de l'héritier civil (3), le titre de l'institué prétorien, du *bonorum
possessor*, est resté frappé d'une infériorité théorique par
rapport à celui de l'institué civil, de l'*heres*. C'est seule-

---

(1) Gaius, II, 105-108 : cf. Girard, *Manuel*, p. 786 ; — Cuq, *Institutions juridiques*, p. 522, note 2.
(2) Cicéron, *In Verr.*, II, 1, 45, 117.
(3) Gaius, II, 120.

ment au bas-empire qu'il est devenu possible au testateur de conférer officiellement et dans toute sa plénitude la qualité d'héritier au successeur de son choix sans réclamer le concours d'un *familiæ emptor*. A ce moment-là seulement, avec l'introduction du testament nuncupatif, puis du testament tripartite, l'évolution de la théorie des dispositions de dernière volonté est parvenue à Rome à l'étape correspondante à celle qui a été franchie en Angleterre en 1837, dans le *Wills Act :* l'élimination définitive des dernières survivances de la nature originaire d'acte entre vifs du testament ou des opérations juridiques qui l'ont précédé dans l'usage et lui ont frayé la route.

TABLE DES MATIÈRES

Saint-Amand (Cher). — Imprimerie BUSSIÈRE